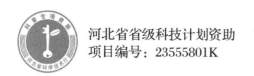

河北省省级科技计划资助
项目编号：23555801K

200 QUESTIONS ON
ANCIENT
BOOK
RESTORATION

古籍修复

200问

安玉洁　程东娟　著

陕西新华出版
陕西旅游出版社
·西安·

图书在版编目（CIP）数据

古籍修复 200 问 / 安玉洁，程东娟著. -- 西安 ： 陕
西旅游出版社，2025. 2. -- ISBN 978-7-5418-4747-9

Ⅰ. G253.6-44

中国国家版本馆 CIP 数据核字第 2025VP0325 号

GUJI XIUFU 200WEN

古籍修复 200 问   安玉洁　程东娟　著

责任编辑：王楷歌
装帧设计：陈宝霞
出版发行：陕西旅游出版社
　　　　　（西安市曲江新区登高路 1388 号　邮编：710061）
电　　话：029-85252285
经　　销：全国新华书店
印　　刷：天津鸿景印刷有限公司

开　　本：787mm×1092mm　　　1/16
印　　张：10.75
字　　数：167 千字
版　　次：2025 年 2 月　　第 1 版
印　　次：2025 年 7 月　　第 1 次印刷
书　　号：ISBN 978-7-5418-4747-9

定　　价：48.00 元

序 言

在浩如烟海的历史长河中，古籍是人类文明的瑰宝，是传承文化的重要载体。然而，随着时间的流逝，古籍面临着不可避免的损伤和老化。为了保护和传承这些珍贵的文化遗产，古籍修复这一技艺应运而生。古籍修复，是对那些历史悠久、珍贵的书籍进行保护和修复的过程。这项工作不仅涉及对书籍物理形态的修复，还包括对书籍内容的保护和传承。古籍修复是一门综合性的学科，它融合了历史学、文献学、化学、材料科学等多个领域的知识。

古籍修复的历史，源远流长。自古以来，我国就有对古籍进行保护和修复的传统。据史料记载，早在西汉时期，我国就已经有了对破损书籍进行修补的技术。随着时间的推移，古籍修复技艺逐渐发展成熟，形成了独特的修复体系。北魏贾思勰在《齐民要术》中详细记载着："书有毁裂，郦方纸而补者，率皆挛拳，瘢疮硬厚。瘢疮于书有损。裂薄纸如蓪叶以补织，微相入，殆无际会，自非向明举之，略不觉补。"唐代，古籍修复技艺达到了较高的水平。当时的书籍装帧形式多样，修复技艺也日趋成熟。宋代，古籍修复技艺进一步发展，出现了专门的修复机构——书籍局。宋代学者、文学家苏轼、黄庭坚等人对古籍修复也有很高的造诣。明清时期，古籍修复技艺相比之前，有了长足的进步。此时，修复技艺更加精湛，修复材料也更加丰富。清代宫廷设有专门的书籍修复部门，负责修复宫廷藏书。民间也有许多修复高手，他们将古籍修复技艺传承下来，为后世留下了宝贵的财富。

在国内，古籍修复的实践已经取得了一定的成就。自 2007 年开始实施的"中华古籍保护计划"，是我国古籍修复和保护工作的重要里程碑。该计划旨在对全国范围内的古籍进行全面调查、登记、修复和保护。另外，在传承传统修复技艺的基础上，我国古籍修复师不断探索新的修复技术，充分利用现代科技手段，如数字化技术、AI 修复模型等，对古籍进行修复和保护。河北工程大学图书馆于 2014 年启动古籍整理工作，在发现的 500 册古籍中，有 103 册出现破损、霉变等情况。为保护古籍，图书馆采取的主要措施是：

1. 建设恒温恒湿的特藏室，配备专业古籍装具。

2. 设立标准化修复室，培养专业修复人才。

3. 开展古籍修复科普讲座与技艺展示活动。

4. 举办古籍保护专题展览，提升公众保护意识。

本书的编写主要有以下三方面的考量。

一、希望更多的人了解古籍

古籍作为人类文明的瑰宝，记录着历史的变迁，承载着文化的传承，是连接过去与未来的桥梁。然而，由于时代的隔阂与语言文字的变迁，许多人对古籍知之甚少，甚至敬而远之。本书不仅介绍了古籍的基本知识与分类，还通过生动的案例与插图，让读者感受到古籍的独特魅力与深厚底蕴。期望通过这本书，能够激发更多人对古籍的兴趣与热爱，让古籍不再只是图书馆中的藏品，而是成为每个人心中都能触及的宝贵财富。

二、希望更多的人了解古籍修复技艺这一非物质文化遗产

古籍修复作为一项古老而精湛的技艺，不仅是修复古籍的必备技能，更是中华民族传统文化的瑰宝。然而，随着现代科技的发展，许多传统技艺正面临着失传的风险。古籍修复技艺也不例外，其要求修复师具备扎实的专业知识、丰富的实践经验及敏锐的洞察力。本书详细解答了古籍修复过程中的常见问题与难点，从纸张的识别与处理到墨迹的加固与恢复，从破损的修补到整体的装帧设计，每一个细节都凝聚着修复师们的智慧与汗水。希望这本书能够让更多人了解古籍修复技艺的独特价值与魅力，从而更加重视这一非物质文化遗产的保护与传承。

三、希望更多的人了解古籍修复师这个团体

古籍修复师是古籍的守护者，他们默默无闻地在幕后工作，用双手和智慧为古籍拂去尘埃，恢复其原有的风貌。他们的工作虽然辛苦而枯燥，但他们所付出的努力与贡献是无法估量的。希望这本书让读者了解古籍修复师的工作内容与职业精神，感受他们对古籍的热爱与敬畏之心，从而更加尊重和支持这一职业。

本书在编写过程中，参阅和引用了大量古籍修复相关的论著和论文，谨向这些学者表示由衷的感谢，他们的研究成果为本书提供了丰富的资料和素材。本书在河北省科学技术厅科学普及专项项目（项目编号：23555801K）支持下完成，谨此一并表示感谢。通过这个项目，希望能够普及古籍修复的

知识，提高公众对古籍保护重要性的认识，从而为古籍的保护和传承贡献一份力量。

　　本书的前 39 问由河北工程大学图书馆馆长程东娟教授精心撰写，其余部分由安玉洁执笔完成。

安玉洁　程东娟

2024 年 10 月

目　录

1. 什么是古籍?

籍一般指书,古籍就是古代的书,是古书的雅称。《信息与文献 资源描述》（GB/T 3792-2021）将古籍定义为："1911 年以前（含 1911 年）在中国书写或印刷的书籍。"文化部发布的《古籍定级标准》（WH/T 20-2006）对古籍的定义为："古籍是中国古代书籍的简称,主要指书写或印刷于 1912 年以前,具有中国古典装帧形式的书籍。"这两种对古籍的定义已为学界普遍采用,两者表述虽略有出入,实则含义相同。

2. 古籍有哪些种类?

古籍可依据其材质、制作方式、历史背景等多个维度进行划分。从材质上看,古籍可以分为龟册、金文、石刻、简策、帛书等几大类。龟册,作为最古老的书写形式之一,以龟甲或兽骨为载体;金文则多见于青铜器上,记录了古代社会的重大事件等;石刻则包括石碑、石经等,虽历经风雨侵蚀仍保存至今;简策和帛书,分别以竹简、木简和丝织品为书写材料,展现了古代人们的智慧和工艺水平。此外,古籍还可以按照制作方式进行分类,主要包括写本和印本两大类。写本是通过手工抄写完成的,每一本都独一无二;而印本则是利用印刷技术制作的,大大提高了书籍的复制和传播效率。

3. "古籍"一词的最早出处是哪里?

"古籍"一词最早见于南北朝时期的文献记载,如南朝宋诗人谢灵运的《鞠歌行》有"览古籍,信伊人"之语。这里的古籍是从时间上来限定的,笼统地指先代典籍。"古籍"一词的出现,意味着人们对前代典籍开始有了更具概括性的认识,反映出当时文化传承与学术研究的发展,为后世对古代文献的整理、研究奠定了概念基础。

4. 中国最古老的书籍是什么?

目前甲骨文被认为是已发掘出的中国最古老的成熟文字,甲骨文龟册出现于三千多年前的殷商时期。尽管文字刻写在龟甲上,与传统的书籍有所不同,但仍被视为中国现存最古老的文献载体。甲骨文形成初期并不是用来记录历史,而是用于贵族占卜吉凶。甲骨文上的文字被称为"殷墟书契""卜辞",甲骨文龟册直到清朝末年才被发现。

甲骨文

5. 古籍的流传方式有哪些？

古籍的流传途径丰富多样，根据历史发展的顺序，主要有讲诵、镌刻、抄写、传拓、活字印刷和摄录等方法。讲诵，作为最早的传播方式，依赖于人与人之间的口头传授。随后出现的镌刻，则是将文字镌刻在坚硬的材料上，如甲骨、青铜器和石头，以此实现信息的长久保存。抄写作为一种更为灵活的方式，允许人们按照原文进行复制，两汉时期更是出现了专业的抄写人员"佣书"。传拓，或称为拓印，是一种将器物上的文字或图案复制到纸上的技术，其成果被称为拓本或拓片。随着技术的进步，活字印刷术的出现极大地提高了文献的复制效率，使书籍的广泛传播成为可能。而到了现代，摄录技术的运用则使古籍的传播更加便捷和高效。

6. 纸质载体的古籍为什么能保存很长时间？

中国古籍最主要的载体是纸张。书籍用纸多采用手工造纸工艺，将植物纤维原料经石灰或碱处理分解纤维后，通过抄纸、晾晒等工序制成。因其碱性高，加以韧皮类植物纤维韧性较强，因此耐久性较好，具有保存时间长的特点，正所谓"纸寿千年"。一些古文献历经数百年甚至上千年，仍能完好地流传于世。

7. 古籍数量有多少?

据确切资料统计，自西汉至清代历朝出书总数在 18 万部、236 万卷以上，其中明成祖朱棣时期编纂的《永乐大典》就收录古书七八千种。到了清乾隆时期，为编纂《四库全书》广泛收集天下文献，仅进呈本图书就达 12000 余部，中国古籍之多可见一斑。据统计，全国汉文古籍总量达 270 余万部，这些古籍种类繁多、包罗万象，是极其重要的文化遗产。

8. 古籍如何定级?

依据我国文化部发布的行业标准《古籍定级标准》（WH/T 20-2006），将古籍分为四级。

1. 一级古籍

具有特别重要历史、学术、艺术价值的代表性古籍。包括元代及其以前（包括辽、西夏、金、蒙古时期）刻印、抄写的古籍，明清时期各学科名家名著的代表性稿本等。如《汉书》一百卷，汉班固撰，宋刻宋元递修本；《古今图书集成》一万卷，清陈梦雷编辑，清雍正内府铜活字印本等。

2. 二级古籍

具有重要历史、学术、艺术价值的古籍。包括明清时期各学科名家名著的重要稿本、刻本、抄本等。如《宋学士文萃》十卷，明宋濂撰，明洪武十年（1377）郑济刻本；《洛阳牡丹记》一卷，宋欧阳修撰，清刻本等。

3. 三级古籍

具有比较重要历史、学术、艺术价值的古籍。包括明万历元年（1573）至清乾隆六十年（1795）刻印、抄写的古籍，清嘉庆元年（1796）以后翻刻、传抄宋元版及稀见明清人著作的书本等。如《艺林伐山》二十卷，明杨慎撰，明万历元年（1573）邵梦麟刻本；《书画传习录》四卷，明王绂撰，清嘉庆十九年（1814）嵇氏层云阁刻本等。

4. 四级古籍

具有一定历史、学术、艺术价值的古籍。如《风雅蒙求》一卷，清阮葵生撰，清光绪十五年（1889）刻本；《求恕斋丛书》，刘承幹辑，民国吴兴刘氏刻本等。

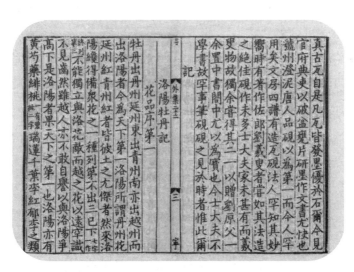

《洛阳牡丹记》一卷宋欧阳修撰

9. 古籍单叶版式结构包含哪些部分？

古籍单叶版式结构由多个关键部分组成，它们共同构成了古籍叶面的独特风貌。这些部分包括版框、界行、鱼尾、象鼻、天头、地脚及书耳等。因为线装书的印刷、装订方式与现代书籍不同，所以现代书籍的书页与古代典籍的书叶含义也大不一样。现代书籍的书册中一张纸有两面，正背两面的一张纸通常称为"一页"。而线装书的表现形态为筒子叶，即将一张张刷印好的纸沿版心对折，空白的一面朝里，印有文字的一面在外，然后叠起来装订成册。一张筒子叶称为"一叶"。因而，在谈论传统古籍的筒子叶时，一般依照传统说法称为"书叶"，与现代书籍的"书页"相区分。版框作为叶面的四周边界，定义了古籍叶面的物理范围。它可以是单栏或双栏的，根据线条的粗细和数量可分为四周双边和文武边等不同形式。界行是行与行之间的清晰分界，有朱丝栏和乌丝栏两种颜色选择，为阅读提供了便利。鱼尾是书口全长四分之一处的特殊标记，形状如鱼尾，根据数量、方向和形态等特征可分为多种类型。象鼻是连接鱼尾与版框的一条线，整体看起来像下垂的象

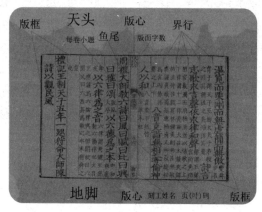

古籍单叶版式结构

鼻，为叶面增添了一份独特的装饰效果。天头即叶面的上栏以外的空白部分，也称为书眉，常用于批注或记录阅读心得。地脚指的是叶面下栏以外的空白区域，为叶面布局增添了一份平衡感。书耳位于版框左外侧的上方，是书写篇名、卷次等信息的特殊空间。版心是版面上的空白中线区域，也叫作版口或书口，用于排版标识，与装订无关。版心中刻有黑线的称黑口，不刻黑线的称白口。黑线较粗的称大黑口，黑线细窄的称小黑口；黑线刻在版心上方的称上黑口，黑线刻在版心下方的称下黑口。版心上、下都刻黑线的称上下黑口，版心中间刻有文字的称花口。

10. 什么是褾？

卷轴是从左端向右卷起，卷子的右端露在外面，容易受到污损，因此常用一段韧性较强的纸或罗、绢、锦等丝织品粘裱在卷子右端，以资保护，称这一段为褾，通称"包头"或"护首"。

11. 什么是封面？

古籍的封面设计与现代平装或精装书籍有所不同。在古籍中，封面位于副叶之后，其上通常印有书名、作者姓名及刊印地点等关键信息。最初，封面的主要功能在于保护书页免受损坏。然而，在我国古籍的发展过程中，封面逐渐承载了更多的文化与艺术价值。人们开始注重封面题写书名的书法艺术，尤其重视题字者的声誉。因此，常采用一层薄且细腻的纸张覆盖于封面之上，使下方的字迹若隐若现，以此来保护题字的完整性与美观性。久而久之，这种做法使封面原本的保护功能逐渐被弱化，而其在文化和艺术展示方面的作用则愈发凸显。

12. 什么是带？

书籍的首端系上一窄条丝织品或一条棉纸，作为捆扎卷子之用，称为"带"。藏书家常将带分为各种颜色，以便于区别图书的种类。

13. 什么是签？

带的末尾系一长且尖的横物，当用带把卷子捆紧之后，把它插在带与卷子之间以防散开，这个横物被称作"签"，俗称"别子"。普通的签用兽骨制成；佛经、道藏等宗教读物上的签多用竹制成，也有用玉石等磨制的签。

14. 什么是囊？

"囊"是用布或帛制成的装书袋子，其功用与帙相近。《隋书·经籍志》称"魏秘书郎郑默始制中经……分为四部……盛以缥囊"。

15. 什么是纸匣？

　　纸匣是书套的变体，以硬纸做衬，白纸做里，蓝纸或蓝布做面，按书籍的大小厚薄，糊成可以一面开启的书匣。再以白墨在匣背上标写书名、分类号，便于识别。这种书匣，被现今图书馆用于线装书直立排架收藏。

16. 古籍的外部结构包含哪些部分？

　　古籍的外部结构主要包括书首、书脊、书脑、书根、书衣和书签等核心部分。书首，作为书籍的顶部，用于标识书籍的开端或重要信息。书脊，则是书籍装订后形成的侧面，既是书籍的脊梁，也是读者翻阅时的抓握之处。书脑，则是装订时穿线的位置，是书籍结构中的重要节点。书根，位于书籍的下端，常用于书写书名及册次，便于查阅。书衣，如同书籍的外衣，保护书籍免受损坏，同时其材质和装饰也体现了书籍的品位与价值。书签，则是读者在阅读过程中用于标记进度的实用工具，有名家题字的书签更具收藏价值，增添了书籍的文化内涵。

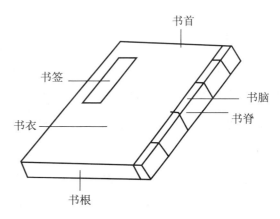

古籍的外部结构

17. 古籍的外部结构包括哪些特殊元素？

　　古籍外部结构的特殊元素主要有书名页、副页、包角、衬纸、金镶玉、书帙、书套、木匣、夹板、高广和书品等。书名页，紧随书衣之后，明确标注了书籍的名称。副页，则位于书衣内部，用于保护书籍并提供书写题跋的空间。包角，以细绢包裹订线之处，既美观又实用。衬纸，则在修补旧书时加入，以保护书页。金镶玉，是一种特殊的修补、装帧方式，通过在书页四周镶衬白纸以提升美观度。书帙，作为卷轴式书籍的外衣，具有保护和收纳的双重功能。书套则是保护古籍的外套，形式多样。木匣，则是珍贵古籍的专属盛装，选材考究，工艺精湛。夹板，则是书籍的另一种保护形式，通过两块木板将书籍夹紧固定。高广，则描述了书页的尺寸规格。书品，则是对书籍品质的综合评价，既包括书籍的物理状态，也包括其文化内涵和历史价值。

18. 古籍的内部结构包含哪些部分？

　　古籍的内部结构复杂而精细，主要包括以下几个部分：首先是内封，它通常是书籍的封面；接着是序，这是书籍正式内容前的重要介绍，阐述写作缘由和目的；目录紧随其后，列出了正文的主要篇目；凡例是对全书编纂体例的详细说明。正文之前，可能还有卷首，它独立成卷，包含圣谕、先人文献或编著者生平等内容。正文之后，有卷末、附录和外集，卷末收录后人的文字著述和著者生平资料，附录是正文的附加部分，而外集则包含与正集不同的文集或作品。此外，古籍还有卷端、小题、大题等标识，卷端是每卷开头题写书名（大题）、卷次及相关信息的部分，小题指篇名，大题则指书名。牌记则类似于现代的版权页，包含书名、作者和刊刻年代等信息。在文本中，还可能出现墨钉、阴文、白文等特殊的排版方式，以及行款和藏书章等细节。行款指的是书页版面的行数和字数，而藏书章则是古籍流传过程中被后人钤盖的藏书印。

19. 古籍的装帧形制有哪些？

古籍装帧的形制繁多，经过长时间的演变与发展，形成了独具特色的民族风格。其中，卷轴装、经折装、蝴蝶装、包背装及线装是几种主要的装帧形式。这些装帧形式的演变与材料的发展密不可分，如早期的龟甲、兽骨、竹简、木牍等，多采用捆扎方式；而缣帛因其柔软性，则采用卷轴形式；随着纸张的普及，装帧形式也随之变化，从卷轴装、经折装，逐步发展为蝴蝶装、包背装，最终形成了至今仍然被广泛使用的线装形式。

20. 什么是卷轴装？

卷轴装，作为古代书籍装帧的一种独特形式，其历史可追溯至东汉和帝时期。彼时，纸张的广泛应用极大地推动了书籍的制作与传播，书籍的装订技术也随之迈入了新的阶段，从简牍时代过渡到了卷轴时代。卷轴装的制作方式是将书写完成的纸张粘成长幅，随后在一端固定一根木棍作为轴心，将横幅从左至右卷绕其上，形成一卷完整的书籍。由于书籍是围绕轴心卷起的，因此，卷轴装也被称为"轴装"或"一轴书"。而卷轴的轴心，除了常见的木材外，还有用象牙、玉石、琉璃等贵重材料制作，以彰显其尊贵与雅致。

卷轴装古籍

21. 什么是经折装？

经折装是一种独特的书籍装帧形式，它起源于古代对长卷轴阅读不便问题的改良。由于卷轴长度各异，当需要查阅卷轴中的特定段落时，频繁地展开、卷收，极为不便。为解决这一问题，古人巧妙地将卷轴折叠成宽度约为11至12厘米的长方形纸叠，这种折叠方式不仅便于翻阅，还能有效保护书籍内容不受损坏。

在纸叠的首尾两端，人们会精心裱上质地较厚的纸张，作为书籍的保护层，即书衣或书皮。这一创新性的装帧技术，标志着书籍形式的一次重要演变，被后人称为"折装"，又因其广泛应用于佛教经典的装帧，特别是在隋唐时期盛行，故亦称"经折装"。至今，我们仍能在一些佛教经典、碑帖及画册中见到这种传统的装帧方式，它不仅是书籍演变历史的见证，也是文化传承的重要物质载体。

22. 什么是旋风装？

旋风装，作为一种独特的书籍装帧方式，旨在解决传统经折装书籍易散落的问题。此装帧手法巧妙地将书籍卷子折叠成册，随后选用一张宽度约为折子两倍的厚实纸张，将其对折。对折后，将纸张的上半部分粘贴于卷首，而下半部分则粘于卷尾。如此装帧的书籍，在翻阅过程中不仅稳固不易散落，更实现了从首页至末页的无缝翻阅，且能逆向循环翻阅，如同旋风般自如流畅，故而得名。旋风装与经折装书籍在公元八九世纪广受欢迎，它们作为卷轴装帧向册页装帧过渡的重要标志，为书籍装帧艺术的发展做出了重要贡献。

23. 什么是册页装？

册页装，作为一种书籍装订的革新方式，起源于唐朝末期，大约在公元十世纪初开始流行。这种装订方式将一张张印刷好的书页装订成册，不仅便于翻阅，也便于保存。经折装和旋风装等早期装订方式，由于长时间的翻阅，折痕处容易断裂，而册页装则有效避免了这一问题。此外，雕版印刷的普及也为册页装的流行提供了条件。北宋欧阳修在《归田录》卷二中记载有："唐人藏书，皆作卷轴，其后有叶子，其制似今策子。凡文字有备检用者，卷轴难数卷舒，故以叶子写之"，反映了从卷轴向单页册装的过渡。作为书籍装帧史上沿用最久的形式，册页装不仅标志着装订技术进入新阶段，更奠定了现代书籍的基本形制。其影响深远，至今仍在沿用。

24. 什么是蝴蝶装？

蝴蝶装，又称为"蝶装"，其核心在于将书页沿版心对折，在书页背面的中缝处用糨糊粘连。接下来，选用一张较厚的纸张作为封面，在封面与书脊粘连的位置涂抹糨糊，将封面紧紧包裹住书页。从外观上看，这种装帧方式的书籍类似于现代的精装书。而在翻阅时，书页的中缝部分固定在书脊上，两边则如蝴蝶展翅般展开，因此得名"蝴蝶装"。

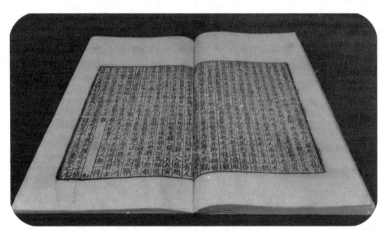

蝴蝶装　浙江图书馆藏的宋元递修本《通鉴纪事本末》

25. 什么是包背装？

　　包背装的特点在于书页的折叠方式和装订方式，具体来说，就是将书页反折，使文字面向外，同时书页左右两边的余幅都朝向书背。之后，使用纸捻进行装订。从外观上看，这种装订方式有些类似于蝴蝶装，但其内部的书页折叠和装订方法则更接近后来的线装书。元朝至明朝，包背装作为一种广泛应用的装订方式，持续了两百多年。

26. 什么是线装书？

　　线装书不使用整张纸作为书皮，而是在书籍前后包裹上精心挑选的纸张，经过折叶处理后与书脊相连。书籍装订时，工匠在书脊上打孔，用线将书叶穿起来，形成一册完整的书。这种装订方式便于翻阅，书叶不易散开，且可以反复拆装修复，兼具实用性与艺术性，体现古代工匠智慧；载体功能与审美功能并重，成为传统文化传承的象征。

线装书　《历代忠义录》，
天一阁博物馆藏

27. 古籍的装帧形制受哪些因素影响？

　　古籍的装帧形制受多种因素的制约与影响。首先，为了确保读者能够方便地进行阅读和使用，装帧形制必须考虑阅读的便捷性。其次，古籍作为文献的一种，其装帧也需要体现美观性，以吸引读者的注意力。再次，装帧形制还具有保护古籍的重要功能，以延长古籍的使用寿命。最后，古籍的内容也会影响装帧形制，不同的内容需要不同的装帧形式来呈现。综上所述，古籍的装帧形制是由多种因素相互影响的结果。

28. 什么是古籍版本？

　　"版"字作为图籍的称谓可追溯至先秦时期。而"本"指代书籍的用法，始于刘向《别录》。"版本"二字连用始于宋代，当时单指刻本。元明以后，随着雕版印刷术的发展和图书形态的多样化，"版本"的含义逐渐扩大，除刻本外，还包含写本、活字本、套印本、插图本、石印本等。

29. 古籍版本有哪些种类？

　　古籍版本依据制作方式可分为抄写本与刻印本两大类。抄写本指的是通过人工抄写完成的书籍，而刻印本则是采用雕版印刷或活字印刷技术制作的书籍。

若从写刻的具体情形来看，古籍版本可细分为写本、影写本、石印本、精抄本、稿本、彩绘本、批校本、原刻本、重刻本、精刻本、修补本、递修本、配本、百衲本、邋遢本、活字本、套印本、巾箱本、袖珍本、两截本、铅印本等多种类型。

若按刊刻的时代来划分，古籍版本又可分为唐五代刻本、宋刻本、辽刻本、西夏刻本、金刻本、蒙古刻本、元刻本、明刻本、清刻本、民国刻本等不同时代的版本。

30. 古籍版本如何鉴定？

古籍版本鉴定是古籍研究中的核心环节，它不仅是书籍版本的技术性辨识，更是对古籍历史脉络与文化价值的深度解读。书籍的形式特征是鉴定版本的重要线索。此外，我们还可以借助书籍上的题跋、藏书印章等辅助信息来进一步确认版本。

在现代，为了更准确地鉴定古籍版本，我们主要依靠各类工具书。除了这些技术性的方法外，从古籍内容本身出发进行版本判断也是一种古老而有效的方法。通过书中的时间线索、人物描写、风俗习惯等，我们可以对古籍版本有一个大致的了解。更进一步地，我们还可以仔细核对版刻、纸张、印章等细节，以防止伪造和冒充的情况发生。

31. 什么是古籍善本?

"古籍善本"这一概念兼具"古籍"与"善本"的双重内涵,主要指版本优良、内容完善的古籍。其时代下限在传统上被设定为清乾隆六十年(1795)。清末的张之洞,作为学者及洋务运动的先驱之一,提出了善本的三大要素:首先是"足本",即内容完整无缺;其次是"精本",强调版本的精心校勘;最后是"旧本",指的是旧时复刻的版本。然而,同时期的学者丁丙则持有不同的看法,他提出了四个衡量善本的标准,即旧刻、精本、旧抄、旧校。

在二十世纪七八十年代编修《中国古籍善本书目》时,学界曾经把善本的定义归结为"三性九条"。这一规范在全国图书馆中得到了推行,旨在实现善本标准的统一化。"三性"即因其年代久远而具有"历史文物性";书籍内容有重要参考价值的"学术资料性";雕版印制工艺考究,插图、装帧等精美的"艺术代表性"。"九条"为:①元代及元代以前刻印或抄写的图书;②明代刻印、抄写的图书;③清乾隆及乾隆以前流传较少的印本、抄本;④太平天国及历代农民革命政权所印的图书;⑤辛亥革命前在学术上有独到见解或有学派特点,或较有系统的稿本,以及流传很少的刻本、抄本;⑥辛亥革命前反映某一时期、某一领域或某一事件资料方面的稿本及较少见的刻本、抄本;⑦辛亥革命前的有名人学者批校、题跋或抄录前人批校而有参考价值的印本、抄本;⑧在印刷上能反映我国印刷技术的发展,代表一定时期印刷水平的各种活字本、套印本,或有精校版画的刻本;⑨明代印谱、清代集古印谱、名家篆刻的钤印本,有特色或有亲笔题记的印谱。

32. 古籍中的伪书有哪些特征?

伪书,作为图书史上一种普遍存在的现象,指的是那些存在明显虚假成分的古籍。具体而言,伪书包含以下三个主要特征。

一是作者身份伪造:书籍在书名页、卷首、序跋等关键位置所标注的作者姓名,并非真正的创作者。这种伪造可能是出于商业目的,也可能是为了借助名人的声望来提升书籍的知名度。例如,《黄帝内经》虽署名黄帝,但实为战国后期医家的集体智慧结晶;《列子》虽署名列御寇,但其现存文本主要由东晋张湛整理成书。

二是成书时间误导:古籍在书名页、序跋等位置所标注的成书时间与实际不符。这种误导往往与作者身份的伪造相伴而生,因为特定的历史人物往往与特定的历史时期相关联。例如,有些书籍明明是汉代的作品,却伪托先秦,或是将六朝的作品伪标为秦汉时期的产物。

三是内容虚假编造:伪书的内容往往与原作存在显著差异,甚至完全不符。这种差异可能表现为在原有古籍中掺入不属于原作的内容,如《李翰林集》和《东坡集》中收录了其他作者的作品;也可能是利用已亡佚的古籍书名,编造全新的内容,如今本《竹书纪年》和《古文尚书》;更有甚者,会凭空杜撰出一部新书,如《亢仓子》《子华子》等,这些书籍在古文献中虽有提及,但实则为后人伪造。

综上所述,伪书是古籍中一种特殊而复杂的存在,它们通过伪造作者身份、伪造成书时间和编造内容等手段,对文献考据和学术研究产生了深远的影响。

33. 伪书与伪本有什么区别?

伪书与伪本两者在定义与目的上存在显著差异。伪书的核心在于作者身份或作品内容的虚假性,其产生多源于创作或编辑过程中的伪造行为,包括署假名、篡改年代及内容等,旨在推广伪作者的学术或创作成果。值得注意的是,伪书的版本质量参差不齐,有的甚至可称为善本。伪本则聚焦于版本层面的欺骗,通常通过篡改出版时间、出版单位或地点等手段,将低劣或普通的版本伪装成珍贵或优质的版本,但其内容本身可能并未经过篡改,保持了原作的真实性。

34. 古籍作伪的动机有哪些?

古籍作伪的动机有:因托古传道而作伪、因邀名射利而作伪、因政治或学术相争而作伪、因辑补亡书而作伪、因编者误收而作伪、因臆测妄提而作伪、因避时讳而作伪、因惜名誉而作伪、因好事妄为而作伪等。

35. 古籍中伪书的种类有哪些?

明代胡应麟在《少室山房笔丛·四部正讹》里按照伪书的流传情况、作伪的动机、伪书存在的形式等，将伪书分为 21 种：有伪作于前代，而世率知之者；有伪作于近代，而世反惑之者；有掇古人之事而伪者；有挟古人之文而伪者；有传古人之名而伪者；有蹈古书之名而伪者；有惮于自名而伪者；有耻于自名而伪者；有袭取于人而伪者；有假重于人而伪者；有恶其人，伪以祸之者；有恶其人，伪以诬之者；有本非伪，人托之而伪者；有书本伪，人补之而益伪者；有伪而非伪者；有非伪而曰伪者；有非伪而实伪者；有当时知其伪而后世弗传者；有当时记其伪而后人弗悟者；有本无撰写人，后人因近似而伪托者；有本有撰人，后人因亡佚而伪题者。胡氏总结的这 21 条，几乎将伪书的种类及作伪之原因囊括殆尽，但未免失于烦琐。

后来梁启超在《古书真伪及其年代》一书里，又将伪书分为 10 种：全部伪；部分伪；本无其书而伪；曾有其书，因佚而伪；内容不尽伪，而书名伪；内容不尽伪，而书名、人名（作者）皆伪；内容、书名皆不伪而人名（作者）伪；盗袭割裂旧书而伪；伪后出伪；伪中益伪。

古籍作伪的情况非常复杂，前人对伪书的划分标准并不统一，各种标准之间又有交叉重叠，因此伪书的种类既多又杂，非常烦琐。鉴于此，有学者认为可以从不同的角度分别对伪书进行划分，并在同一角度的划分中尽量采用相同的标准。比如，从行为动机的角度，伪书可以分为三类：①主观故意作伪的伪书；②主观过失造成的伪书；③客观因素促成的伪书。从存在形态的角度，伪书可以分为四类：①内容形态全伪之书；②内容真伪混杂之书；③内容真而形态伪之书；④本真而误认有伪之书。从实现方式的角度，伪书可以分为八类：①有掇拾古人之事而伪者；②有裒辑古人之文而伪者；③有假传古人之名而伪者；④有蹈古书之名而伪者；⑤有自隐假托他名而伪者；⑥有剽窃题署自名而伪者；⑦有后世臆改妄题而伪者；⑧有后世增补附益而伪者。

36. 古籍中伪书数量有多少？

我国古籍中的伪书数量非常多。明朝胡应麟在《四部正讹》中曾说："余读秦汉诸古书，核其伪几十七焉。"清末张之洞在《輶轩语》中也说："一分真伪，而古书去其半。"这两家的说法虽不排除有夸大的成分，但也足以说明我国古籍作伪之严重。

现存古籍当中的伪书究竟有多少？辨伪学家张心澂曾作《伪书通考》，经他考辨的古籍涉伪者，经部 73 部，史部 93 部，子部 317 部，集部 129 部，道藏 31 部，佛藏 416 部。1959 年再版时新增伪书 45 部，合为 1104 部。我们知道《四库全书》作为中国历史上最大的一部丛书，所收图书也不过 3500 余种，可见伪书数量之多，而实际上《伪书通考》所录者肯定还不是伪书的全部。

37. 古籍作伪的手段有哪些？

常见的古籍作伪手段有六种。

1. 冒署作者姓名

即通过篡改古籍作者署名来达到作伪的目的，大致有以下三种情况：一是由作者主动署他人姓名；二是并非出于署名者本人意愿，而是由后人改换作者姓名；三是署名者主动剽窃他人作品。

2. 删改原书序跋

删削古籍原有序跋是书贾版本作伪的常见手段之一。如果只是改变古籍的出版时间、出版者和出版地，那属于版本作伪；但有时连同古籍的真正作者也一起改变了，那就既属伪本也属伪书了。

3. 附会佚书旧名

有的古籍因年代久远不存于世，但其书名仍见于古代文献的记载，后人便趁机借旧书名伪作新书，并托名原作者，号称旧本复出。

4. 剽窃图书内容

有的古籍作伪是从其他图书中抽取一部分内容，换上一个新的节名，这与剽窃无异。

5. 变乱旧书体例

就是通过割裂篇章、删削内容、颠倒顺序、拆分卷册等方法，破坏原书结构，再换一个新书名。

6. 以假掺真，篡改旧帙

在真书中掺假是颇能迷惑人的，这也是常见的作伪手法。

38. 古籍为何要辨伪？

伪书泛滥，使分辨古籍真伪成为学者治学不可或缺的能力。中国历代学者普遍认为，古籍辨伪是中国传统学术研究的基石与关键技能。缺乏辨伪意识，学者可能在研究中频陷误区，难以触及知识真谛。因此，古籍辨伪不仅是学术严谨性的保障，更是推动学术进步的基石。

39. 古籍如何辨伪？

中国古籍辨伪历史源远流长，学者们在丰富的辨伪实践中形成了较为系统的辨伪方法，其中最著名的当属明朝胡应麟提出的"辨伪八法"。胡应麟的"辨伪八法"提倡从书目著录、图书称引、文体风格、历史事实、作者署名及图书流传等诸多方面综合入手，是对我国古代辨伪方法所作的第一次系统总结，在辨伪学史上具有划时代的意义。胡适在《中国哲学史大纲》里将审定真伪的证据归纳为史事、文字、文体、思想、旁证五种，加入了文字和思想。国学大师梁启超在《中国历史研究法》中又提出了辨别伪书的十二条公例。他在《古书真伪及其年代》一书里对考证伪书的方法有更为详细的概括和总结，比胡应麟的"辨伪八法"更加系统和精密，可与十二条公例对照参看。为使表述更加符合今人的阅读习惯，可将以上诸家条例综合概括为以下六个主要方面。

1. 考察书目著录变化

任何一部古籍只要在历史上真实地存在过，总会留下一些痕迹，其中被书目著录就是重要的考察依据之一。通过历代书目著录情况的变化来辨别古籍的真伪，是古籍辨伪最常用的方法，它大致分为以下三种情况。一是古籍著录有无的变化。如果一部古籍在历代书目中从来没有被著录过，而突然以完整的面目出现，则作伪的可能性很大。二是古籍卷数的著录变化。三是古籍作者的著录变化。

2. 考察文献征引情况

如果一部古籍从未见任何文献征引，则可疑为伪书。

3. 考察史实与名物典制

古籍中所记载的历史事件、年号、庙号、人名、地名、官制、书名等都是有具体的时间信息的。这些史实和名物典制所反映出来的时间信息，如果比作者所处的时代更晚，则基本可以判定这部分内容存在作伪，因为作者是不可能预知未来的。

4. 考察作者生平及著述

通过正史、方志、文集等可查考古籍作者的传记、墓志铭、神道碑等，这些资料对于作者的生卒年、履历、重要事迹及生平著述等一般都有详细的记载，也可以帮助辨伪。

5. 考察文体和语言风格

古代任何一种文体的产生都有其特定的时代上限，因此通过文体来辨古籍真伪是切实可行的。

6. 考察作者思想观念

古代著述总是要体现和传播作者的思想观念的，而思想观念无不带有鲜明的时代烙印和个体特征。如果作者生活的时代根本不可能产生古籍中所表达的思想观念，或是古籍所要表达的思想与作者一贯的思想主张相矛盾，那么古籍就可能存在作伪的情况。

40. 古籍载体损坏的原因有哪两类？

古籍载体的损坏是指由于各种原因而使载体形态受损、功能丧失，甚至完全毁坏的现象。载体损坏的形式主要有物理性损坏与载体变质两大类。

没有改变载体材质的物理性能与化学性质的损坏称为物理性损坏，即载体材质虽然受到损坏，但该破坏并未致使载体材质发生化学反应，常见的物理性损坏主要有载体被污损、粘连，或是发生形变或残破，或是字迹出现洇化等。物理性损坏一般较为明显，其损坏速度大多较快，有的甚至是瞬间发生。

载体的变质又称为劣化，即载体材质的构成成分或理化性能发生了不可逆的变化，使载体材质性能降低并失去了原有的效用。与物理性损坏不同，载体的变质是一个复杂的过程，其进程一般是较为缓慢的，常以年为单位观测。

41. 古籍中常见的损坏现象有哪些?

古籍在历经岁月洗礼后，常出现多种损坏现象，主要包括：

1. 断线

这是古籍最常见的损坏之一，由于古籍常由多册组成，装订线难以避免磨损或糟朽。磨损多发生在首尾两册，而糟朽则源于过去常用含大量动物蛋白的丝线装订，时间一长易自然腐烂。修复时通常要替换为同色或染色后的丝线。

2. 破皮

这是指书籍封面（书皮）受损而书页内容尚好时，不用全面拆解修补，仅更换书皮。常见于首尾两册的封面受损，修复时需拆除旧线及书皮，更换新书皮并按原针眼重新装订。

3. 书口断裂

因频繁翻阅导致书口磨损，轻则磨破，重则完全断开成单页。修复时需拆开书籍，每张书叶在书口处粘贴皮纸条（传统称"溜口"），并通过锤打、压平及衬纸加固等方法恢复平整。

4. 圆角

书籍四角因长时间使用而磨损变秃，要拆开书籍进行修补，修补后应剪齐或裁齐四角，重新装订，使书籍四角恢复直角状态。

5. 纸张糟朽

多见于竹纸书籍，书页脆弱，一触即碎。这类书籍通常需要托裱以增加纸张韧性。

6. 书脑过窄

书页尺寸较小，装订后中间两行字阅读困难，可以通过加宽书脑部分（也称"接书背"）来改善阅读体验。

7. 开本过小

古籍的天头、地脚、书脑等边缘部分小于正常比例，这可能是由于印刷时节省纸张或书籍原有破损部分被裁切所致。这类书籍适合采用"金镶玉"装帧方式镶衬边缘，以扩大边缘保护区域。

8. 糨糊失效

古籍装裱时使用的糨糊随时间失效，导致画心与褙纸分离。要重新装裱，最好使用原镶料和褙纸以保持原貌。

此外，古籍还可能遭受虫蛀、鼠啮、火烧、水浸、霉蚀等多种自然与人为的损害，这些都需要专业的修复技术与方法进行处理。

42. 影响古籍载体寿命的外界因素有哪些？

文献载体的损坏是内因与外因共同作用的结果，内因起主导作用，外因不可低估，有时甚至是造成文献载体损坏的主要原因。损坏藏品的因素分为十类：物理压力、火灾、水患、人为破坏、虫害、空气污染、光害、不正确的温度、不正确的相对湿度、保管上的疏失等。这些损坏因素有些是自然的，有些是人为的；有些是渐进的，有些是瞬间发生的。

43. 阳光对古籍造成损害的原因是什么？

阳光可抑制和消灭细菌，还可以除湿，驱除藏书中的害虫，这对古书有一定的保护作用。但阳光也是一种损坏古书的理化因素，因为印制书籍的纸张属于有机高聚物，这种物质如果长时间受阳光照射，会变热干燥，失去坚韧性。人工照明有时也会产生这样的效果。根据化学分析，纸张的化学结构是一种链状线型高分子化合物，这种化合物依靠其分子中具有一定能量的C-C键结合在一起。当光的能量达到或超过C-C键的结合能时，化合物的分子就会断裂，这种现象叫"光解作用"。另外，空气中的氧气始终以游离态存在，游离态的氧性质活泼，若与空气中的水分子在一定条件下结合后，还可以形成过氧化氢。纸张中的纤维素分子由于游离氧和过氧化氢的作用，将加速水解为葡萄糖分子或生成容易断裂的氧化纤维素，这叫"光氧化作用"。古书纸张的褪色、变色、发脆变质，以及各种机械强度（包括抗拉、抗折、抗扯等）性能的降低，许多都是光解作用和光氧化作用的结果。有些被阳光长期照射的书，甚至一碰就碎。

44. 温湿度对古籍造成损害的原因是什么？

温度、湿度这两个互相关联的理化因素，对古籍的保存有直接的影响。不适宜的温湿度对古籍有多方面的破坏作用。温度过高时，古籍纸张内的水分迅速蒸发，书页就会变得干燥、脆弱，并发生皱缩、翘曲、开裂的现象。尤其在温度忽高忽低变化剧烈时，纸张忽而收缩，忽而膨胀，破坏作用更加显著。

湿度太大时，古籍纸张吸水过多，又易为微生物的繁殖创造条件。阳光和有害气体对古籍纸张的破坏作用，在潮湿的环境下显著增强。

45. 水和火对古籍的危害是什么？

水能浸渍古籍，被浸渍的古籍纸页粘连在一起，翻动时很容易破页伤字。尤其用胶性较大的水墨印刷的古籍，遭水渍后书页往往粘在一起，成一块书砖。火能烧坏纸张，完全烧毁的古籍无法复原，就是半烧毁的书页也会变得焦脆，触手即破。

46. 有害气体对古籍造成损害的原因是什么？

　　空气中的有害气体如二氧化硫、三氧化硫、氨、氯、硫化氢、臭氧等，对古籍都有危害作用。尤其是现代工业废气中最常见的二氧化硫对古籍的危害最大。二氧化硫是硫在空气中燃烧的产物，由于煤和石油中都含有硫，所以在消耗煤和石油最多的工业城市里，空气中这种气体的含量也最多。

　　二氧化硫被古籍纸张吸收后，与空气中的水分子、氧气经过一系列反应，可以生成破坏纸张纤维的硫酸。硫酸能切断纸张纤维素分子的糖苷键，引发纤维素分子水解，从而使纸张的机械强度大为降低。被硫酸破坏的古籍，书页发脆，经不起折叠，甚至一碰就散落。

　　三氧化硫、硫化氢等都能变成酸，对古籍的损坏作用大体与二氧化硫相仿。氨和臭氧还可以使古籍纸张变色。

47. 灰尘对古籍造成损害的原因是什么？

　　灰尘对古籍造成损害的原因主要包括以下几点：首先，灰尘中含有的腐蚀性颗粒能够直接破坏古籍的纸张，导致其变质和损坏；其次，灰尘中的有机颗粒为微生物提供了生长所需的养分，促进了霉菌等微生物在古籍上的繁殖；最后，灰尘在古籍表面沉积形成难以清除的灰黑色覆盖层，不仅影响古籍的外观，还可能进一步加剧纸张的老化和损坏。

48. 霉菌对古籍造成损害的原因是什么？

霉菌作为真菌的一种，对古籍的破坏尤为严重。它们首先利用古籍中的糨糊、胶黏剂等作为养分迅速繁殖，随后通过菌丝体将纸张纤维层层包裹并逐渐侵蚀，直至纤维断裂、纸张结构被破坏。同时，霉菌还会产生有机酸，进一步加速纸张的老化和破坏。因此，受霉菌侵害的纸张往往会出现色斑，变得脆弱易碎，甚至出现孔洞。随着霉菌在古籍上的不断繁殖，纸张会逐渐变得湿润和黏腻，书页之间也会相互粘连，最终导致整本古籍腐烂变质。这种破坏过程是渐进的，但后果是毁灭性的。

49. 危害古籍的生物因素有哪些？

在古籍保护领域，生物因素是造成古籍损坏的主要原因之一。其中，昆虫和啮齿类动物（如老鼠）是最为常见的破坏者。研究表明，能够对古籍造成损害的昆虫超过七十种。在这些昆虫中，蠹鱼和蛀虫破坏力最强，它们以纸张和装帧材料为食，悄无声息地在古籍中蛀出无数的孔洞，使这些古籍变得脆弱不堪。

除了蠹鱼和蛀虫，还有其他一些昆虫同样对古籍构成了威胁。例如，书虱会在纸面留下细小的咬痕；而衣鱼和谷蛾则可能在古籍中产卵，孵化出的幼虫会进一步破坏纸张纤维；苍蝇虽然不直接啃食古籍，但它们的排泄物和尸体也会污染纸张，造成不可逆的损害；白蚁和蟑螂等害虫，同样会通过啃食和污染的方式，对古籍造成严重的破坏。

老鼠的破坏力不容小觑。它们不仅会啃咬古籍的纸张和装帧材料，还可能在古籍存放的地方留下排泄物，这些排泄物中含有的酸性物质会加速纸张的腐蚀。此外，老鼠的活动还可能引起其他害虫的聚集，形成一个破坏古籍的恶性循环。

50. 古纸酸化的原因有哪些?

古纸酸化是一个复杂的过程，其根源主要涉及以下三个方面。首先，空气质量对纸张的酸度有显著影响，空气中的酸性污染物容易被纸张吸附，导致纸张逐渐酸化。其次，装具的选用也至关重要，不良装具可能释放酸性气体或本身含有酸性物质，这些都会促进纸张的酸化。再次，霉菌的滋生也是纸张酸化的一个重要原因，霉菌在生长过程中会分泌酸性物质，增加纸张的酸度。综上所述，古纸酸化是空气中污染物、不良装具及霉菌滋生等多方面因素共同作用的结果，这些因素使纸张的强度下降、发黄变脆，甚至轻轻触摸就可能碎裂。

51. 为什么要进行古籍修复?

古籍作为民族和国家的文化遗产，不仅蕴含着丰富的历史资料，还以文字或图文并茂的形式，生动地记录了人类在政治、军事、经济、科技、文化等领域的历史进程。这些古籍从独特的视角展现了文明发展的深厚底蕴，是历史的见证，也是知识传承和思想传播的载体。通过古籍修复技术，我们能够挽救那些因自然老化或人为损毁而濒危的文献，延长其保存寿命，从而有效地保护这些珍贵的文化遗产。这是对传统智慧的尊重，也是对历史责任的担当。古籍修复技术不仅是一种技艺的传承，更是一种文化的延续。它拂去历史的尘埃，让古老的智慧重新焕发光彩，为后世留下宝贵的知识财富。

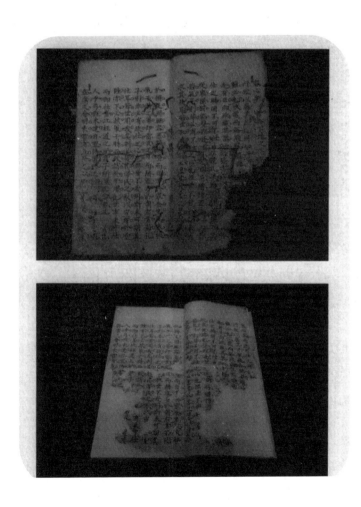

古籍修复前后对比

52. 古籍修复的历史有多长？

据史料记载，古籍修复技艺的起源可以追溯到大约 1500 年前。最早关于古籍修复的文字记载，出现在北魏贾思勰所著的《齐民要术》中，该书详细描述了修复书籍的方法。贾思勰提到，用薄纸修补书籍裂痕，使其无缝对接，除非在光线照射下，否则几乎无法察觉修补痕迹。到了唐代，古籍修复技艺水平有了显著提升，书籍装帧形式丰富多样，修复技术也日臻成熟。宋代，古籍修复技艺进一步发展，宋代文人苏轼、黄庭坚等对古籍修复也有深入研究。明清时期，古籍修复技艺更上一层楼，修复技术更加精湛，修复材料也更加多样。清代宫廷设有专门的书籍修复部门，负责修复宫廷藏书。

53. 古人是怎么修复图书的？

古时，虽然没有精妙的高科技设备，但人们对书籍怀有敬畏之心。 针对不同原因造成的损害，人们有着不同的修补方式。古人修书的手法有托、裱、补、镶、装等十几种。

1. 补书法

古籍遭遇虫蛀时，匠人们会先将书页展开，字面向下平放，利用隔板固定。接着，在蛀洞位置仔细涂抹特制糨糊，并贴上同色纸张，沿纸纹轻压，随后撕下多余部分。待其自然晾干后，再进行捶平、齐栏等工序，重新装订成册。书皮修复则要挑选材质与颜色相似的纸张，裁剪后细心拼合粘连。

2. 去污法

当古籍表面沾染泥点等污渍时，匠人会根据污渍程度采取不同措施。轻微污渍可用软毛排笔轻轻拂去；若污渍较厚，则用小刀沿纸张纹理小心刮除；若污渍导致纸张破裂，则应顺着破裂方向细心清理，以防进一步损伤。

3. 托裱法

此法适用于受潮霉烂或长期风吹日晒导致纸张脆弱的古籍。匠人首先会用同色纸张填补破损处，随后在书页背面均匀涂抹糨糊，并贴上棉纸进行加固。待全部书页完成此步骤后，再整体拂拭平整，并最终装订成册，最大限度恢复古籍原貌。

54. 传统古籍修复的独特技艺有哪些？

古籍修复流派在历史演进中形成了鲜明的地域特色，到民国时期还存在的有如下几派：沪派、苏派、扬派、京派、蜀派、徽派、岭南派、津派等。

1. 京派绝活"无痕修复"

将纸张与天然碱性溶剂同煮，溶入色彩，熬制成糨糊，修补后虫蛀痕迹浑然难辨，被誉为"珠联璧合"。随着糨糊修补书机的出现，此古老技艺得以传承并实现标准化，效率也大大提升，成为当今主流的修复方式之一。

2. 蜀派秘技"重生术"

此技可将古籍旧纸替换，使墨迹跃然于新纸之上，延长古籍寿命。然而，因其与现代"修旧如旧"的修复原则相悖，此技已随蜀派式微而逐渐失传，成为历史绝响。

3. 津派绝技"千波刀"

此技刀工精湛，能将纸张精准劈分，墨色、纸质无损，即便是千次劈分亦能保持原貌，如同古籍再生。然而，因此技法需配合秘制刀具与药水配方，传承难度极高，加之民国时期书画作伪猖獗，津派大师焚毁了劈画工具与药水配方，致使此技随"千波刀"之名一同湮灭。如今，虽有书画修复师尝试劈画，但劈分次数不过数十，且对书画损伤较大，难以再现津派昔日辉煌。

55. 古籍修复包括哪些内容？

古籍修复是一项细致而专业的技艺，其内容主要分为两个环节。第一环节是对古籍的实体进行修补，这包括对书籍的破损页面、封面、封底等进行修复，以恢复其完整性和可读性。第二环节则是对古籍外观进行装裱，即恢复其原有的装帧形式，包括对书衣、函套、书签等装饰性元素的修复与重现。历代的古籍修复工作，不仅继承了前代的技艺，更融入了各自时代的审美特色和文化风格，既保持了传统的连贯性，又展现了每个时代的独特性。

56.为什么说用传统的古籍修复方法修补文献，对文献的损害最低？

传统的古籍修复原理与传统的造纸原理基本上是相同的。中国传统的造纸方法是先用水疏散植物纤维，同时施胶（主要用杨桃藤等植物胶）以改善纸张抗水性，然后抄纸，再加压，榨出纸膜中的水分，最后进行烘干形成纸张。而古籍修补过程也是用浆水（浆水由小麦淀粉制成）使纸纤维疏松膨胀，将文献原纸和修复纸两纸纤维黏合，最后晾干水分，恢复纸张的平整。因此，用传统的古籍修复方法修补文献，对文献的损害最低。

57. 古籍修复遵循什么原则？

古籍修复是书籍保护与传承的重要环节，其目的在于恢复书籍的完整性和可读性。在古代和近现代，书籍修复主要关注书籍的实用性和审美价值，力求修复后的书籍既牢固又美观。然而，随着现代古籍研究的深入，对古籍修复的要求也日益提高。修复人员在长期的实践中，逐渐形成了安全性原则、真实性原则、最小干预原则、可逆性原则、选择性原则、规范性原则等。这些原则不仅体现了对古籍的尊重和保护，也体现了修复人员的专业素养和责任心。因此，可以说这些原则是古籍修复的基石和精髓所在。

58. 什么是安全性原则？

古籍修复的安全性原则主要包括以下几个方面：

1. 修复工作环境的安全

确保修复工作区域的环境整洁、通风良好、温湿度适宜，避免灰尘、霉菌等有害物质对古籍造成损害。同时，工作区域应配备必要的安全防护设施，如消防器材、急救包等，以应对突发事件。

2. 修复措施的安全

在修复过程中，应遵循科学、合理的修复原则，避免对古籍造成二次伤害。修复人员应具备丰富的专业知识和实践经验，能够准确判断古籍的破损情况，并采取相应的修复措施。同时，修复过程中应严格控制操作力度和手法，确保修复效果的自然与协调。

3. 修复材料的安全

选择用于修复的材料时，应确保其无毒、无害，不会对古籍造成腐蚀或污染。修复材料应具有良好的稳定性和耐久性，能够保护古籍长期不受损害。此外，修复材料的选择还应考虑其与古籍原材料的相容性，以避免产生化学反应或色差等问题。

4. 古籍文献信息的安全

在修复过程中，应严格保护古籍的文献信息不被泄露或篡改。修复人员应遵守职业道德和法律法规，尊重古籍的版权和知识产权。对于涉及敏感或重要信息的古籍，应采取更加严格的保密措施，确保信息的安全性和完整性。

59. 什么是真实性原则？

古籍修复应当坚守真实性原则，其核心为"整旧如旧"，但这并不意味着要复制古籍初版时的面貌（如宋版在宋时的面貌或元版在元时的面貌），因为时光流转，古籍的原貌早已难觅。古籍修复工作者的职责是修复古籍的破损部分，并确保古籍的其余部分保持原状，以全面维护古籍内容与形式的

真实性。内容真实性要求古籍修复工作者保持古籍的文字、图像等信息的完整无缺，包括它们的数量、布局和形态等。而形式真实性则强调在修复过程中，应忠实于古籍的原始装帧形式、纸张尺寸及特征等，以保留其历史风貌和文化内涵。这样的修复原则旨在让古籍的历史价值得以延续。

60. 什么是最小干预原则？

古籍修复的最小干预原则强调在修复过程中，需将修复面积控制在最小范围内，尽量减少修复材料的添加，避免对古籍文献信息造成干扰或过度修复。这一原则旨在保护古籍的原貌，确保其历史价值和研究价值不受影响。

在实际操作中，应避免采用可能改变古籍原有文献信息的修复方法，如早期的"划栏补字"方法。该方法虽然能够补齐版线、栏线和模糊的字迹，但常常出现栏线未对齐、补字风格不符，甚至出现错字的情况，这些都可能误导古籍研究人员，影响他们的判断。

因此，在古籍修复人员不具备足够的专业知识时，应慎用此类修复方法。对于善本、珍本古籍而言，更应严格遵守最小干预原则，因为任何微小的改动都可能影响其作为版本考订证据的价值。总之，古籍修复的最小干预原则要求古籍修复人员在修复过程中保持谨慎和尊重的态度，尽可能地保留古籍的原貌和历史信息。

61. 什么是可逆性原则？

可逆性原则是古籍修复中极为重要的一项原则，它确保了修复工作的灵活性和可持续性，为未来可能发生的再修复工作留下了余地。

这一原则的核心在于修复材料的可逆性。修复材料在使用过程中，其状态应保持稳定，不因时间流逝或环境变化而发生不利于古籍保存的变化。同时，这些材料应具备易于移除的特性，以便在需要时能够轻松地从古籍上移除，使古籍恢复到修复前的状态。

历史上，由于技术和材料的限制，古籍修复往往面临着难以逆转的困境。例如，古人使用的植物胶类黏合剂，因其难以溶解和清除，给后世的修复工作带来了极大的挑战。20 世纪末兴起的聚酯膜黏接技术，虽然一度被视为古籍修复的新希望，但由于其不具备可逆性，最终也被淘汰。

因此，在古籍修复工作中，古籍修复人员应始终坚持可逆性原则，选用符合要求的修复材料和技术手段，确保修复工作的科学性和可持续性。同时，古籍修复人员还应不断探索和研究新的修复材料和技术方法，以适应古籍保护工作的不断发展和变化。

62. 什么是选择性原则？

古籍修复中的选择性原则是在面对庞大的修复需求与有限的修复资源之

间的矛盾时所采取的一种策略。其核心在于根据古籍的不同状况，合理安排修复顺序，以达到最佳的修复效果。

目前，古籍修复的优先级主要依据三个因素：版本价值、破损程度和排架顺序。然而，每种因素都有其局限性。版本价值高的古籍固然珍贵，但破损程度较低的古籍同样需要关注；破损程度严重的古籍急需修复，而老化、酸化的古籍若不及时处理，也可能会面临恶化的情况；排架顺序则可能忽略古籍的实际状况，导致修复顺序不合理。

针对这些情况，我们提出应重点关注纸张老化和酸化严重的古籍。这类古籍虽然外观上看似完好，但实际上内部已遭受严重损害，甚至一触即碎。相比之下，微生物破坏和虫蛀等问题在得到有效控制后，其危害程度会相对减弱。

因此，我们建议古籍修复工作应将重点放在抢救那些老化和酸化的古籍上面。通过集中有限的修复力量，优先处理 pH 在 5.0 以下的古籍，最大程度地延缓其恶化速度，保护珍贵的文化遗产。同时，我们也需要继续加强古籍修复人才的培养和引进工作，为古籍修复事业的长远发展奠定坚实基础。

63. 什么是规范性原则？

古籍修复中的规范性原则涵盖了古籍交接、修复记录及保管等多个方面。首先，古籍的交接过程应严格遵循规范，确保从库房到修复工作间的流转有详尽的记录，记录一式两份，分别保存于库房与修复工作间，以便日后查证。

其次，古籍修复档案的建立是保障修复工作质量与连续性的关键。档案内容应详尽记录古籍的基本信息、破损状况、修复要求、修复方案及过程等，为后续的修复工作提供有力支持。

最后，古籍修复过程中的保管亦不容忽视。待修古籍应存放于专用保险柜内，且保险柜需与工作间保持适当距离，以防止古籍在修复过程中丢失或次序混乱，造成不必要的损失与麻烦。

综上所述，古籍修复工作必须建立一套严密、科学的规范体系，以确保古籍得到妥善保护与修复。

64. 中西古籍修复的异同点是什么？

中西古籍修复的相同之处是古籍修复的原则相同，如"整旧如旧""抢救与预防性保护结合""修复可逆"，以及安全性、规范性原则等。修复前都需制订修复方案。首先根据破损情况分析，对待修古籍进行分级，分别为轻度破损、中度破损、重度破损、严重破损、特别严重破损。然后针对古籍具体破损情况制订修复方案：第一步分析确定破损情况，探究诊断破损原因；第二步商讨提出修复方案；第三步报批修复方案。修复完成后还要进行验收交付。

不同之处包括修复纸张与糨糊的差异。中文古籍用纸多为手工纸，在修复配纸时要遵循宁浅勿深、宁薄勿厚、宁多勿少的原则。西文古籍纸张基本上都是双面印刷的机械纸，在修复过程中要选用薄的、韧性较好的日本棉纸进行修补。修复较薄的中文古籍时，需要调配稀糨糊，修补西文古籍时应使用豆浆色的稠糨糊。

65. 如何选择古籍修复对象？

根据古籍的破损情况、载体价值、利用率、技术风险等四项指标综合考虑修复对象。

1. 破损情况

《古籍特藏破损定级标准》将古籍破损状况归纳为11种情形，包括酸化、老化、霉蚀、粘连、虫蛀、鼠啮等。而在"全国古籍普查登记平台"的"破损登记"中又增加了水渍、油渍、污垢等8种情形，这些情形的描述仅停留在直观和外表的情况，每种情况又按照面积、页数的多少来划定破损等级。选择修复对象时，破损状况的界定既应包括破损面积和数量的直观情况，又应该注意挖掘古籍文献的破损机制。在破损程度评估时，应在原先十余种破损情形描述的基础上，进一步按照潜在危害性划分破损程度，可分为四个等级：①可能恶化，立即处理；②影响使用，需处理，但无紧迫性；③破损不影响使用、保存，不用处理；④完好。

2. 载体价值

由于古籍具有文物性，所以即使其内容已进行了媒介转换，载体本身也具有保存的价值。正确判定载体本身的价值，有利于集中资源抢救稀缺的、物质形态价值较高的古籍。根据古籍载体的稀有性和保存的迫切程度将载体价值分为三个等级：①极稀有载体，本身具有文化价值或历史价值，务必保留；②稀有载体，本身具有一定价值，尽量保留；③普通载体，经过全文数字化扫描，且纸张不利于长期保存，如载体是酸性纸，那么载体的保存价值便不高。

3. 利用率

在选择修复对象时，将古籍利用率作为评判因素之一。秉承"修复是为了利用"这一理念，在面对大量古籍时，才能真正做到对原书的"最小干预"和"及时修复"，既有效保护古籍又节省修复成本。实际操作中将古籍利用率分为三个等级：①频繁使用；②偶尔使用；③极少使用。修复人员可以与典藏、读者服务人员配合，多途径确定馆藏古籍的利用率。例如，查阅本单位近年来的调阅记录、古籍的再版情况、网上电子资源情况等，以明确可替代载体资源的数量。

4. 技术风险

修复对于古籍来说具有一定风险，经过修复的古籍，与原件相比较，会有一定的改变，古籍的历史价值会有一定的损伤，有时这种损伤即使是能工巧匠也难以避免，这是由载体的材质特性决定的，还需要经过时间的检验。古籍修复如同为了"保命"不得不做的"手术"，而任何手术都有风险，认识到这一点，在选择古籍修复对象时要优先考虑如何才能不修和少修。技术风险可划分为三个等级：①低风险，修复后能恢复书叶和装帧结构完整性，对其原真性损伤程度很低；②一般风险，为了保持修复后古籍的平整，修复中不可避免地需要改变古籍的装帧形式，如衬叶、金镶玉装等；③高风险，存在没有合适材料或字迹容易漫漶的风险等，容易对原真性产生损伤。

可以制作由四项指标构成的修复对象选择表，交叉对比各项指标后，选取每个因素中等级均在①或②的古籍优先修复。

66. 国内有哪些文献保护机构？

南京博物院、首都博物馆、故宫博物院、上海图书馆和国家图书馆都在

纸质文献保护方面做出了显著贡献。南京博物院于2013年成立近现代文献脱酸保护研究中心，该中心不仅进行文献脱酸、修复工作，还开展相关研究和培训工作。2014年，该中心被文化部认定为"近现代纸质文献脱酸保护技术重点实验室"。

首都博物馆的文物保护修复中心自2008年起就专注于古籍画揭裱过程中的关键问题，并于2014年成功研发出古籍画生物揭展剂，为古籍画的保护修复工作提供了有力支持。故宫博物院的有机质文物保护实验室同样在纸质文物保护方面拥有强大的科研力量。

上海图书馆作为古籍保护科学研究的先驱，早在20世纪80年代就开始了文献脱酸技术的研究，并于1996年成立了专门的文献保护修复部和技术研究实验室，2002年成立了文献保护修复研究所，持续推动古籍保护技术的发展。而国家图书馆古籍保护科技文化部重点实验室，则是目前国内规模最大的图书馆古籍保护实验室，拥有五个现代化实验室，为古籍保护研究提供了完善的实验条件和设施。

67. 国家对于古籍修复工作有哪些指导性文件？

2007年，国务院办公厅印发了《关于进一步加强古籍保护工作的意见》（以下简称《意见》）。《意见》要求有关部门应充分认识古籍保护工作的重要性和紧迫性，明确了加强古籍保护工作的指导思想、基本方针和总体目标，要求突出重点，科学规范地开展古籍保护工作，并要求加强领导，协同配合，共同做好古籍保护工作。

2022年，中共中央办公厅、国务院办公厅联合印发了《关于推进新时代古籍工作的意见》（以下简称《意见》）。该《意见》提出了挖掘古籍时代价值、促进古籍有效利用、推进古籍数字化、做好古籍普及传播等指导性意见。这些意见为古籍修复提供了坚实的理论基础和实践方向。

2022年，全国古籍整理出版规划领导小组印发《2021—2035年国家古籍工作规划》，对全国古籍工作的重点方向、重点任务和重点工程项目作出规划部署。

68. 什么是"中华古籍保护计划"？

2007年，国务院办公厅印发了《关于进一步加强古籍保护工作的意见》，该《意见》提出在"十一五"期间大力实施"中华古籍保护计划"。

"中华古籍保护计划"的内容主要有五个方面：一是统一部署，从2007年开始，用三至五年时间，对全国公共图书馆、博物馆和教育、宗教、民族、文物等系统的古籍收藏和保护状况进行全面普查，建立中华古籍联合目录和古籍数字资源库；二是建立《国家珍贵古籍名录》，实现国家对古籍的分级管理和保护；三是命名"全国古籍重点保护单位"，完成一批古籍书库的标准化建设，改善古籍的存藏环境；四是培养一批具有较高水平的古籍保护专业人员，加强古籍修复工作和基础实验研究工作，逐步形成完善的古籍保护工作体系；五是进一步加强古籍的整理、出版和研究利用，特别是应用现代技术加强古籍数字化和缩微工作，建设中华古籍保护网。完成"十一五"国家古籍整理重点图书出版规划，争取开展中华再造善本二期工程，使我国古籍得到全面保护。

69. 古籍修复的技术标准有哪些？

古籍修复的技术标准有《古籍修复技术规范与质量要求》（GB/T 21712—2008）、《古籍函套技术要求》（GB/T 35662—2017）、《图书馆古籍虫霉防治指南》（WH/T 88—2020）、《古籍普查规范》（WH/T 21—2006）、《古籍定级标准》（WH/T 20—2006）、《古籍特藏破损定级标准》（WH/T 22—2006）等。

70. 图书馆古籍修复人员的准入制度是什么？

图书馆古籍修复人员的准入制度依据《图书馆古籍修复人员任职资格》，该标准是"中华古籍特藏保护计划"的执行标准，规定了图书馆古籍修复人员从事各文物级次和破损级次古籍修复的任职资格条件和认证准入方式，规定了图书馆古籍修复人员培训、考核和管理办法，与《文物修复师国家职业技能标准》相互配合，并依据《古籍定级标准》《古籍特藏破损定级标准》《古籍修复技术规范与质量要求》等对图书馆古籍修复人员的任职资格和考核指标进行规范。

71. 古籍修复人员认证制度的早期探索如何？

古籍修复人员认证制度的早期探索始于 21 世纪初。2004 年，劳动和社会保障部（已改名为人力资源和社会保障部）委托文化部文化艺术人才中心组织有关专家制定了《图书资料业务人员（文献修复师）国家职业标准》。这一标准的出台为古籍修复人员的职业认证奠定了基础。

2005 年，文化部在财政部的支持下启动了"中华古籍特藏保护计划"，并委托国家图书馆主持制定《图书馆古籍修复人员任职资格》，进一步推动了古籍修复人员认证制度的建立和完善。

2009 年，文化部文化艺术人才中心、文化部职业技能鉴定指导中心组织编纂的《文献修复师》正式出版，标志着古籍修复人员认证制度在标准制定方面取得了重要进展。同年，国家古籍保护中心受文化部委托，在京举行了文献修复师考评人员资格考前培训和考试，为古籍修复人员的认证提供了实践平台。

然而，尽管取得了这些进展，但目前我国在古籍修复人员认证制度方面仍存在一些不足。例如，《中华人民共和国职业分类大典（2022 年版）》和《国家职业资格目录（2021 年版）》等文件中都没有明确的"古籍修复师"相关内容。此外，《文物修复师国家职业技能标准》虽然将"古籍修复师"归入纸质书画文物修复师一类，但其主要起草人缺乏专门从事古籍修复的专家。

因此，随着我国古籍修复事业的持续推进和古籍修复人员数量的不断增长，建立更加完善、专业的古籍修复人员认证制度仍然是一个亟待解决的问题。

72. 古籍修复人员分级资质认定有什么要求？

古籍修复人员分级资质认定可分为五级。

一级：拥有修复《国家珍贵古籍名录》中古籍的顶级资质，能主持重大珍贵古籍的修复工作。这些专家不仅具备深厚的专业知识，而且在实践中积累了丰富的经验，能够处理最复杂、最敏感的修复任务，确保每一页珍贵的历史文献得到妥善保存。

二级：具备修复珍贵古籍的专业能力，可独立负责一般古籍的修复项目。他们能够对古籍的破损程度进行准确评估，并运用恰当的技术手段进行修复，以保证古籍的完整性和历史价值。

三级：熟练处理中度及以下破损程度的普通古籍，确保其得到有效修复。这些修复人员在日常工作中展现出对古籍保护的热爱和专业精神，他们细心地修复每一页，让历史的痕迹得以延续。

四级：擅长修复轻度破损的普通古籍，保障古籍的完整与可读性。他们对古籍的纸张和墨迹十分了解，能够运用各种修复材料和工具，使古籍恢复到最佳状态。

五级：掌握基础修复技能，能够使用常规设备和材料，参与简单的古籍修复工作。这些初入行的修复人员虽然经验尚浅，但他们为古籍修复事业注入新鲜血液，是未来古籍保护工作的希望。

73. 古籍载体转换的方法有哪些？

载体转换指的是为了能够更好地保存古籍，可以将古籍中的一些信息以另一种方式保存下来，这样既不会对古籍的保存造成影响，又使古籍中的珍贵信息得以保留。通常情况下，使用的方法是将纸质的古籍通过声音或图像等方式进行转换。这些方式现在已经得到了广泛的应用，并且相关的步骤和程序较为完善和规范。通过对古籍的载体转换可以有效地保留古籍中的重要信息。随着信息化时代的发展，网络数字化模式对古籍载体转换市场造成了巨大冲击。依托相关技术，越来越多的古籍得以通过数字载体留存，讲述其承载的特定时期的历史与文化。古籍载体转换中的主要技术有缩微复制技术、数字化技术等。

74. 古籍修复中的显性知识有哪些？

显性知识是指可以用某种符号系统来表达的知识。如今的古籍修复工作越来越重视对修复过程的记录，修复档案、修复方案报告、专家审核意见等以文字、图片、表格、多媒体等方式保存的记录，均属于显性知识。此外，修复过程中产生的实物档案包含若干条可供未来分析的信息，也可以作为显性知识的一部分留存。

75. 古籍修复中的显性知识如何转换？

从显性知识到显性知识的融合，主要是通过构建交流平台、利用网络技术和各种会议，将修复人员或修复机构存储、整理的相关数据、资料进行系统化整合并扩散。从显性知识到隐性知识的内化，主要是指修复人员通过共享平台、培训、学术会议和座谈等方式学习修复技艺、提高个人水平的过程。

76. 古籍修复中存在哪些隐性知识？

在古籍修复实践中，更多的知识属于隐性知识。隐性知识在古籍修复工作中表现为修复技法、操作手法和诀窍等，属于从业人员的技艺经验知识。而认知方面的隐性知识包括信仰、观点、思维模式、感悟、价值观及组织文化等，这些知识看似虚无缥缈，却在古籍修复工作中极为重要。

77. 古籍修复中的隐性知识如何转换？

在古籍修复工作中,隐性知识的社会化过程,主要通过新人对熟手的观察、模仿来实现，方式包括师带徒学习、修复培训班实践课、观看视频资料、日常工作中的互相学习及从业人员间的交谈等。隐性知识的外化，主要通过修复档案记录、个人修复经验文字化（如工作日志和论文撰写等）、座谈交流整理等方式完成。

78. 古籍修复中的隐性知识如何记录？

古籍修复工作以手工操作为主要特点，这决定了隐性知识在其中占很大比重。在修复过程中，视频记录作为记录操作过程的重要手段，可以存储和传播，但其内容因观察者的解读差异，兼具显性知识和隐性知识的属性。

79. 古籍修复对工作环境有什么要求？

古籍修复工作性质特殊且涉及的文献珍贵，相关场所一般应配有独立的空间。根据中华人民共和国住房和城乡建设部颁发的《图书馆建筑设计规范》（JGJ38—2015）第 4.6.10 条，装裱、修整室应符合下列规定：

1. 室内应光线充足、宽敞，并应配备机械通风装置；

2. 应设置给水、排水设施和加热用的电源；

3. 每个工作岗位的使用面积不应小于 10m²，且房间的最小面积不应小于 30m²。

80. 古籍修复的常用材料有哪些？

古籍修复的常用材料有纸张、染料、胶水、糨糊、绢、绫、锦、清洗剂、黄纸板、夹板、纸捻与丝线等。修补工作者应对这些材料的制作、性能和特征有一定了解，这样才能在使用时得心应手、因材施艺。

81. 古籍修复三要素是什么？

古籍修复的三要素，即糨糊、古籍修复用纸和修复技术，是确保古籍得以重生的关键。在这些要素中，糨糊扮演着至关重要的角色。它不仅需要具备良好的黏合性能，还要能够经得起时间的考验而不变质，以免对脆弱的古籍纸张造成二次伤害。因此，选择合适的糨糊，就如同挑选一把能够开启宝藏之门的钥匙，其重要性不言而喻。

至于古籍修复用纸，它不仅仅是修复过程中的一种材料，更是对古籍历史价值和艺术价值的一种尊重。在修复前，修复人员必须仔细辨认古籍的纸张类别，这可能涉及对麻纸、皮纸、竹纸等传统纸张的深入了解。每一种纸张都有其独特的质地和特性，选择与原纸张最为匹配的修复用纸，就像是为古籍找到一个合适的"替身"，既保持了其原有的风貌，又赋予了它新的生命。

而古籍修复技术的完善，对古籍修复从业人员而言至关重要。这不仅要求他们具备高超的手工技艺，更需要他们对古籍的历史背景、制作材料和版本学都有深入了解。此外，修复人员还应具备一定的艺术鉴赏力，以便在修复过程中，能够尽可能地保留古籍原有的艺术风格和历史信息。古籍的手工修复是一个精细而严格的操作过程，它要求修复人员必须具备一定的专业技术，同时还要秉持严谨的工作态度，遵循规范的工作流程。从业者的业务素质和熟练程度直接关系到修复工作的成败，因此他们必须经过长期的学习和实践，才能在这一领域内达到合格的标准。

82. 古籍修复用纸分为哪几类？

古籍修复过程中所使用的纸张种类繁多，根据其特定用途，可大致划分为以下四个类别。

1. 修补专用纸

此类纸张专门用于填补古籍中因磨损、虫蛀等原因造成的缺失部分，以恢复古籍的完整面貌。

2. 加固连接用纸

在古籍修复过程中，这类纸张被用来增强古籍原有纸张的强度，或作为桥梁连接古籍中已断裂的部分，确保古籍结构的稳固与连贯。

3. 吸水去潮用纸

其作用是有效吸附并转移古籍纸张中多余的水分，特别是在处理受潮古籍时，这类纸张能够帮助恢复纸张的适宜湿度，防止进一步损害。

4. 书皮纸

针对古籍书衣（封面）遗失或损坏的情况，书皮纸专门设计用于制作新的封面，以保护古籍内容并恢复其原有的外观风貌。

83. 古籍修复工作对修补专用纸有什么要求？

在古籍修复过程中，修补专用纸会覆盖在古籍纸张表面，因此，对补纸的选择极为严格，需确保其从造纸原料的选用、生产工艺的精细度、纸张厚度的匹配、色度的相近乃至帘纹的相似性上，都尽可能贴近古籍原纸，避免产生显著的差异。众多成功的修复案例充分证明，那些修复质量卓越、堪称典范的古籍，无不在修补专用纸的选择上实现了高度的匹配与融合，从而保持了古籍的原始风貌与艺术价值。

84. 古籍修复工作对加固连接用纸有什么要求？

古籍修复工作对加固连接用纸的要求主要聚焦于纸张的物理性能方面，如纸张的厚度、柔软度、挺度、撕裂度及耐折度等指标。

1. 厚度

适宜的厚度能够确保加固连接层既不过于突兀而影响阅读体验，又能有效增强古籍的整体强度并保持页面的平整与稳定。

2. 柔软度与挺度

柔软度使纸张能够顺应古籍纸张的特性，减少翻页时的阻力与不适感；而适当的挺度则有助于增强古籍页面的支撑力，让古籍在翻阅时更加顺畅且不易变形。

3. 撕裂度

高撕裂度意味着纸张在受到外力作用时不易撕裂，这是保证古籍能够长期保存、减少因物理损坏导致内容散失的重要因素。

4. 耐折度

耐折度高的纸张能够经受住频繁的翻阅与折叠而不易破损，从而延长古籍的使用寿命，确保修复效果持久有效。

85. 古籍修复工作对吸水去潮用纸有什么要求？

在古籍修复工作中，选择吸水去潮用纸时，尤应注重其卓越的吸水性能。这类纸张必须能够迅速而有效地吸附古籍书叶中积聚的多余水分，同时保持自身结构的稳定性，避免在吸水过程中发生形变。这样的特性能确保书页在干燥后恢复并维持其原有的平整状态，进而保证古籍的整体修复效果与保存质量。简而言之，吸水去潮用纸应具备高效吸水且不易变形的特点，以助力古籍修复工作的顺利进行。

86. 古籍修复工作对书皮纸有什么要求？

在古籍修复工作中，对书皮纸的选择，首要的是其必须具备出色的耐磨性。鉴于书皮作为古籍的"门面"，频繁经受读者手部的直接接触与翻阅，唯有耐磨性强的书皮纸才能有效抵御磨损，从而周全地保护内部的珍贵书叶不受损害。除此之外，书皮纸的颜色也是一项重要的考量因素，它需展现出端庄古朴的色调，不仅美观大方，更能深刻体现古籍所承载的文化底蕴与历史价值。

87. 纸张有哪些命名方式？

1. 原料命名法，如麻纸、皮纸、竹纸、混料纸等；
2. 地域命名法，如产于安徽省宣城市泾县的宣纸；
3. 工艺命名法，如黄麻纸、硬黄纸、笺纸、澄心堂纸、色宣等。

88. 什么是麻纸？

麻纸作为一种具有独特历史和文化价值的纸张，是指利用黄麻、布头等废旧材料作为生产原料，通过一系列复杂的工艺过程，制成一种强韧且具有一定防蠹虫功能的纸张。麻纸的优点不仅在于其强韧耐用，更在于其独特的质感和历史韵味，这使它在古代书画艺术中占据了重要地位。

麻纸的生产历史悠久，可以追溯到汉代，是我国古代书画用纸的主要类型之一。其产地分布广泛，主要有山西、河北、山东、四川、江苏、浙江、广东等。麻纸主要分为白麻纸和黄麻纸两种。这两种麻纸在颜色上有所区别，但都具有麻纸特有的质感和强度。白麻纸通常更加洁白细腻，适用于书写和绘画；而黄麻纸则带有一种自然的黄色调，更添古朴韵味，多用于写意画与古籍修复。

麻纸作为古代书画用纸的重要代表，其历史价值和文化意义不言而喻。以下是一些具有代表性的麻纸文献。

1. 敦煌遗书

这是一批珍贵的古代文献，涵盖了公元 4 世纪至 11 世纪的丰富内容。这些文献现分藏于中国、英国、法国、俄罗斯、日本等地，是研究古代历史、文化、艺术等方面的重要资料。敦煌遗书的发现和研究，为我们揭示了古代丝绸之路的繁荣景象和东西方文化交流融合的历史。

2. 西晋陆机《平复帖》

这是一件极为珍贵的古代书法作品，由西晋时期的文学家、书法家陆机所书。该作品现收藏于故宫博物院，是我国书法史上的重要瑰宝。它以其独特的艺术风格和深厚的历史底蕴，吸引了无数书法爱好者和研究者的关注。

89. 什么是皮纸？

皮纸是一种以桑皮、三桠皮等韧皮纤维为原料制成的纸，具有纸质柔韧、薄而多孔，纤维细长且交错均匀的特点。皮纸的历史可以追溯到汉代，定型于南北朝时期，并在宋代实现了规模化生产，其主要产地包括浙江、安徽、贵州、广西、云南、河北、河南及陕西等地。

皮纸的制作原料种类广泛，主要包括桑皮、楮皮、构皮、檀皮、三桠皮等韧皮纤维。制作过程中，需要剥取树皮，经过漂浸、涂石灰浆、煮烂等步骤，最终制成纸张。

代表性皮纸文献有：

1. 南宋嘉泰四年刻《文苑英华》，该书使用楮皮纸印制，展示了宋代皮纸在图书典籍中的广泛应用；

2. 韩滉《五牛图》，这幅唐代名画使用桑皮纸绘制，不仅体现了桑皮纸的优良品质，也展示了皮纸在书画创作中的独特魅力。

90. 什么是竹纸？

竹纸是以新鲜竹材为原料制作的纸张，品种包括连史纸、毛边纸、毛太纸和元书纸等。其起源于唐代，宋代技术成熟，主要产于浙江、四川、福建、湖南等地区。竹纸在日常生活和文化传承中具有重要地位，如北宋《鼓山大藏》采用的就是竹纸。竹纸的制作工艺精湛，从选材、切割、蒸煮、捣浆、抄纸到烘干，每一道工序都需严格把控，以确保纸张的质量。工匠们凭借世代相传的经验与智慧，将竹子的天然纤维转化为细腻柔韧的纸张，既保留了竹子的清新香气，又赋予了纸张独特的韵味。

随着时代的发展，虽然现代造纸技术日新月异，但竹纸依然以其独特的魅力和环保的特性受到人们的青睐。它不仅在书画、古籍修复等领域得到广泛应用，还逐渐融入现代设计之中，成为文化创意产品的重要组成部分。

总之，竹纸作为中国传统文化的瑰宝之一，不仅承载着丰富的历史与文化内涵，还展现了人与自然和谐共生的智慧与理念。在未来的发展中，竹纸将继续焕发出新的生机与活力，为传承与弘扬中华文化贡献力量。

91. 什么是混料纸?

混料纸是由竹、麻、树皮等天然纤维材料混合制成的纸张，体现了中国古代造纸技术的创新。混料纸的技术雏形出现于魏晋南北朝，宋元时期形成明确工艺，明代实现规模化生产，主要产于安徽和浙江。混料纸被广泛应用于书画和文献记载，如米芾的《公议帖》和《新恩帖》。混料纸不仅因其独特的生产工艺而具有多样化的质感和性能，还因其环保特性而受到现代社会的青睐。相较于传统单一纤维制成的纸张，混料纸在生产过程中能够更有效地利用自然资源，减少对环境的影响。此外，混料纸的耐用性和吸墨性也使其成为书画家和书法爱好者的优选材料。

随着科技的发展，现代混料纸的制作工艺更加精细，不仅保留了传统混料纸的优点，还融入了现代科技元素，如赋予防水、防油、防污等特殊功能，以满足不同领域的需求。例如，在古籍修复领域，混料纸因其与古代纸张相似的质感和性能，成为修复师们修复古籍时的首选材料。

同时，混料纸也逐渐走进了寻常百姓家。在市场上，各种规格、颜色、纹理的混料纸琳琅满目，无论是用于书写、绘画，还是作为包装材料、装饰品，混料纸都以其独特的魅力赢得了消费者的喜爱。

总之，混料纸作为一种古老而又现代的纸张种类，不仅承载着丰富的历史文化内涵，还以其独特的魅力和实用性在现代社会中发挥着重要作用。

92. 用旧纸修复古籍有什么优缺点？

用旧纸修复古籍的优点是：旧纸配旧书，相得益彰，效果良好；其缺点就是不够牢固。因为旧纸本身大都存在着不同程度的老化，而修补古籍的目的是保存和延长古籍的寿命。用老化的旧纸去修补古籍，虽然形式上比较好看，实际上并不牢固。而且旧纸是不可再生资源，搜集到的数量有限，用一点儿少一点儿，要是修补数量稍多的古籍，就不敷使用。

93. 传统造纸工艺与现代造纸工艺有什么区别？

传统造纸工艺与现代造纸工艺的主要区别体现在制浆工艺和漂白工序上。传统工艺使用石灰蒸煮沤浆，需时 15 天以上，而现代工艺使用烧碱，仅需 24 小时。传统漂白采用日光漂白，晾晒数月；现代工艺使用漂白剂，仅需 24 小时。现代工艺虽然效率高，但使用强碱和漂白剂导致纤维素受损，使纸张寿命缩短。

除了制浆和漂白工序的差异外，传统造纸工艺与现代造纸工艺在原料选择、能源消耗、环境影响及产品多样性等方面也存在显著差异。

在原料选择上，传统造纸工艺多依赖于自然生长的植物纤维，如竹子、树皮、麻类等，这些原料虽然来源广泛，但采集和加工成本较高。而现代造纸工艺则更倾向于使用木材作为主要原料，特别是速生林木材，其供应稳定且成本相对较低。此外，随着技术的发展，现代造纸工艺还能利用废纸等回收材料进行再生纸的生产，实现了资源的循环利用。

在能源消耗方面，现代造纸工艺通过引入先进的机械设备和自动化技术，显著提高了生产效率并降低了能耗。相比之下，传统工艺则更多地依赖于人工操作，能源消耗较高且效率较低。

从环境影响的角度来看，现代造纸工艺在废水处理、废气排放等方面采取了更加严格的环保措施，以减少对环境的污染。然而，由于使用了化学药剂进行制浆和漂白，现代工艺仍存在一定的环境风险。而传统工艺虽然污染相对较小，但其生产效率低下且难以适应大规模生产的需求。

在产品多样性方面，现代造纸工艺能够根据市场需求生产出各种规格、性能和用途的纸张产品。例如，可以生产出具有不同厚度、强度、光泽度等特性的纸张，以满足印刷、包装、书写、生活用纸等不同领域的需求。而传统工艺则相对单一，产品种类有限。

综上所述，传统造纸工艺与现代造纸工艺各有优劣。在选择使用哪种工艺时，需要根据具体的应用场景、生产需求及环保要求等因素进行综合考虑。

94. 古籍修复用的糨糊的原料有哪些？

各地修补古籍的糨糊，因原料和制作方法不同而略有差别。北方地区一般用去掉面筋的面粉，俗称小粉、粉子，即麦淀粉。江南一带多用精白面粉。广东地区有用白芨水做糨糊的。除此之外，制作糨糊还会用一些其他添加物，如用于提高黏性的白芨与楮树汁，用于防蛀避虫的花椒水等。

95. 常见的古籍修复用的糨糊是怎样制作的？

首先，选取小麦淀粉，与水按一定比例混合，并搅拌均匀。随后，将混合液置于水浴锅中加热。在加热过程中，需持续用搅拌棒搅拌，直至浆液逐渐浓稠，并产生气泡、呈现透明状态，能拉出浆丝，此时即为熟浆。需要注意的是，熬制时间需根据淀粉浓度和水温进行调整，如小麦淀粉的糊化温度约为63℃。

新制的糨糊非常黏稠，需将其浸泡在清水中进行冷却，这一过程被称为"养糊"。使用时，根据具体需求，取适量糨糊捣开，并加入清水搅拌至所需的稠稀度，以适应古籍修复的不同工序要求。

96. 古籍修复所需的糨糊有什么特殊要求？

古籍修复所需的糨糊与平日里接触到的生产生活所用糨糊有很大的区别，它是修复过程中的主要黏合剂，有着以下特殊的标准。

1. 糨糊的制作原料来源应当广泛，这是最基础的条件。只有原料易得，方能为今后规模化的古籍修复工作提供物质基础。

2. 糨糊的使用必须具有可逆性。也就是说，当古籍需要重新修复时，可以比较容易地揭下原修补部分的补纸，而不损伤古籍。

3. 糨糊的pH值应接近中性或偏弱碱性。中性环境可使古籍纸张保持稳定，而偏弱碱性能够中和纸张中的酸性物质，延缓酸化过程，从而有利于长期保存。

4. 糨糊本身要能够在低温环境中长时间存放且性质稳定，不易发霉、发酵、生虫，这是对糨糊性质的重点要求。

5. 糨糊应当无色透明，不含杂质，不会对纸张和原书文献内容造成污损。

6. 糨糊要有适中的黏性和适当的黏合速度。如果黏性太强，水分偏少，水分在短时间内迅速挥发，可能会在纸张上形成核桃状的皱纹，破坏纸张的纤维韧性，影响书页的美观和保存；如果黏性过弱，水分较多，则不易干燥，也会造成黏结不牢、补纸容易脱落的情况，达不到修复目的。

7. 糨糊的制作和使用必须安全无毒，不会对古籍修复人员的健康造成伤害，这是糨糊制作的重中之重。

97. 修复古籍时，染纸使用的植物染料有哪些？

1. 藤黄

藤黄作为藤黄树分泌出的天然黄色树脂，是染制淡黄色纸张的优质材料。同时，它还能与赭石、花青、徽墨等原料混合，调制出丰富多样的色彩。值得一提的是，当藤黄与适量赭石混合使用时，能够染出茶褐色的纸张，这种纸张在修复年代久远的古籍时表现出色。

2. 靛蓝

靛蓝，源于蓼科草本植物蓼蓝的茎叶，经沤制加工而成的蓝色染料，适用于古籍修补中染制蓝色书皮，色泽古雅且耐久性较好。其与藤黄、徽墨、赭石配合，可调制出色彩绚丽的染料。

3. 橡碗子

橡碗子是壳斗科植物果实外的壳斗（总苞），其煮水液含单宁可用于纸张染色，但因单宁易导致纸张纤维脆化且颜色稳定性差，不适合用于善本、珍本的修复染色。

除此之外，茶叶、槐黄、栀子黄等也可用作植物染料修复古籍。

98. 修复古籍时，染纸使用的矿物染料主要有哪些？

修复古籍时染纸使用的矿物染料主要有以下几种：土黄、赭石、徽墨和朱砂。

1. 土黄

土黄是以天然氧化铁为主要成分的矿物颜料，用于染制纸张，具有古朴美观的效果。

2. 赭石

赭石，主要成分为三氧化二铁，是染制纸张和绫、绢镶料的主要颜料，可与其他颜料混合产生不同颜色。

3. 徽墨

徽墨，是一种历史悠久、制作精美的墨，用于染制纸张，制作淡灰色纸张。

4. 朱砂

朱砂是从朱砂原石中提炼出的矿物颜料，主要成分为硫化汞，用于染纸或描栏等。

99. 古籍修复用的丝织品有哪些?

绢、绫、锦是古籍修补中常用的三种丝织品。绢为平纹丝织品,质地薄而坚韧,适用于制作古籍善本的封面或包角。绫为斜纹丝织品,表面光洁,薄而轻软,适合用作封面或包角。锦则色彩绚丽,花纹瑰丽,质地厚实,适用于制作善本书的函套、锦盒,或作为册页装帧的装饰材料。

100. 古籍修复用的洗涤液有哪些?

1. 洗涤碱

洗涤碱,用80℃的热水泡开即可使用。

2. 草酸

草酸,一种有机物,无色晶体,可用于洗涤书页上的水斑、霉斑、黄斑等污渍。

3. 高锰酸钾

高锰酸钾,深紫色晶体,溶于水,强氧化剂,修补古籍时与草酸配合使用。

4. 漂白粉

漂白粉,主要成分为次氯酸钙,有效氯含量一般在25%—35%,用于漂白书页,但有一定腐蚀性,慎用。

5. 双氧水

双氧水，俗称过氧化氢水溶液，过氧化氢浓度通常为3%—30%，用于洗涤书页中因沾染铅粉而形成的黑斑。

6. 枇杷核

枇杷核是蔷薇科植物枇杷的种子，用于旧字画中的洗霉。

7. 石菖蒲

石菖蒲，根茎和叶中含有挥发油、细辛醚、石竹烯等，用于旧字画装裱中洗霉。

8. 皂荚

皂荚是豆科类植物皂荚的果实，用于洗霉。

101. 古籍修复用的纸捻是什么？

古籍修复中使用的纸捻是装订书页的材料，主要分为两种类型：一种是用尺寸为10厘米×4厘米的棉纸条制成，中间较宽，两端尖锐，俗称"纸襻"或"蚂蟥襻"，适用于装订较厚的书籍；另一种是按棉纸竖纹裁剪成斜边，捻成一头大一头尖的形状，用于装订较薄的书籍。

102. 古籍修复需要哪些设备和工具？

古籍修复需要一系列专业而复杂的设备和工具来支持修复工作的顺利进行。

1. 压书机

用于平整书籍的页面。操作时，先将精心修复并锤击对齐的书页夹持于两块木板之间，随后置于压书机内施加压力，使书页保持平整。如果没有压书机，亦可采用石板或其他重物替代。

2. 切纸机

用于精确裁切纸张、册页、纸板等材料。在古籍修复领域，它通常被应用于那些采用衬纸修复法加固的书籍，以便进行页面的精确裁切。

3. 纸张纤维检测仪

这是一种用于分析纸张纤维结构和材质的专业设备，能够提供关于纸张纤维形态的各项特性指标，进而为古籍纸张纤维结构和材质分析及修复选材提供依据。

4. 纸张拉力检测仪

这是一种用于测定纸张抗张强度、断裂伸长率和抗张能量吸收等力学性能的试验设备，该设备可用于古籍修复中评估纸张的机械强度与柔韧性，为修复选材和工艺控制提供关键参数。

5. 显微镜

对于细微的修复工作，如修补细小的破损或去除书页上的污渍等，显微

镜能够提供放大的视野，使修复人员能够更精准地进行操作。

6. 紫外线灯

用于检测古籍中隐藏的污渍、霉斑或荧光物质，帮助修复人员更全面地了解古籍的保存状况，并制订相应的修复方案。

7. pH 计和湿度计

这些设备用于监测修复环境的 pH 值和湿度，确保修复工作在适宜的环境条件下进行，以避免对古籍造成进一步的损害。

8. 专用清洁剂和去污剂

针对古籍上不同类型的污渍，需要使用专用的清洁剂或去污剂进行清除。这些清洁剂需性质温和、无腐蚀性，以避免对古籍纸张和墨迹造成损害。

9. 数字化设备

在古籍修复过程中，有时还需要使用数字化设备对古籍进行扫描、拍照或录制视频等操作，以便记录修复过程和保存修复成果。这些数字化设备包括扫描仪、照相机、摄像机等。

103. 古籍修复工作中的浆笔是做什么用的？

在古籍修复中，浆笔用于刷浆及修补工序，有单支羊毫笔及多管羊毫笔两种。单支羊毫笔一般使用长锋大楷羊毫笔，用于精细地修补书画中的破损之处；多管羊毫笔由若干支竹管羊毫笔拼接而成，用于托裱过程中的上浆工作。

104. 浆笔在用于古籍修复之前需要做哪些加工？

由于市面上买的浆笔容易脱毛，因此需对其稍作加工。

1. 将浆笔放入盆内用温水浸泡，把笔锋泡开，晾干，然后清除其中的杂毛；

2. 在竹管与羊毛的交界处加入少许清漆或胶水，以加强羊毛与笔管的黏合，防止羊毛脱落或笔锋松散。

注意浆笔宜阴干保存。

105. 古籍修复工作中的棕刷在使用之前需要进行哪些加工？

棕刷也称排刷，用细而匀的棕丝扎制而成，用于加固补纸与搭口等需紧密黏合的位置，也可用来有效压实纸张接缝，减少接缝处的凹凸，确保平整贴合，并辅助纸张顺利上墙等工艺操作。棕刷在使用之前需要做如下加工。

1. 开锋与打磨

首先，需对棕刷的棕锋进行细致的修剪，确保两侧平整并略带小弧度，以提升其使用的灵活性和均匀性；随后，利用粗砂纸或磨刀石对棕锋进行反复刷磨，使弧度更加圆滑流畅；再采用细砂纸进行精细打磨，直至棕锋头部变得极其圆滑，这样可大大降低在使

古籍修复用的棕刷

用过程中刷毛纸张或造成纸张破损的风险。

2. 去棕粉处理

为了避免棕刷内部残留的棕粉在使用时污染古籍或纸张，造成不必要的黄渍，需将棕刷置于盆中，用适量的碱水浸泡一段时间。之后，再将棕刷放入锅中煮沸约 20 分钟。

3. 清洗与保养

完成去棕粉处理后，需用清水彻底漂洗棕刷，直至无残留物为止，然后自然晾干。每次使用棕刷前，应先将其在水中浸泡片刻，使其恢复柔软状态，这样不仅能提升刷子的使用效果，还能更好地保护古籍纸张。使用完毕后，同样需仔细清洗并晾干棕刷，以备下次使用。

106. 古籍修复常用术语有哪些？

补：在书页、字画破损处背面用纸粘补整齐。

托：在书页、字画、绫、绢等丝织品的背面加粘一张纸。

排：用棕刷在裱件背面从上到下、从头至尾均匀用力刷平。

镶：在书页、字画四周粘贴纸或绫、绢、锦等丝织品。

衬：在书页、拓片的背面垫纸。

揭：把粘在一起的两张纸或几张纸分开。

接：在书页的一边或两边粘纸加宽或加长。

装：装饰、装订。

107. 古籍修复技术操作的基本程序是什么？

古籍修复技术操作的基本程序为点收、制订修复方案、备料、拆书、书页修补、封面与封底的修复和重制、装订、检查和验收、交付等。

1. 点收

古籍修复前，先要按委托修书单位开具的委托单核点书名、册数、页码，并明确修复要求，注明点收日期和经办人姓名。

2. 制订修复方案

首先要查明待修古籍的损坏程度和损坏原因，还要了解该书的版本、年代及原书使用的纸张和印制、装订特点等。同时，还要考虑委托单位提出的修复要求等。

3. 备料

修书方案既定，就要着手准备需要使用的工具和材料，如刀具、糨糊、溜口纸和其他配纸等。

4. 拆书

除了小修小补的书籍以外，大多数待修的古籍都要把原书拆开，才能进行全面修复。

5. 书页修补

这是古籍修复过程中的关键程序，包括清除书页上的各种污染、连接书页开裂的书口、补破、裱补、镶补、补字补栏、喷水压平、夹干等多道工序。

6. 封面与封底的修复和重制

包括清洗、补缀或选纸制皮、捶平、压实等工序。

7. 装订

这是古籍修复的最后工序。装订工作的好坏直接关系到所修古籍的牢固和美观程度。其中包括折页、捶平、衬纸、接书脑、齐栏、压实、打纸捻、包角、加护页、草订、上封面、裁齐、打磨、打眼、穿线、贴签条，以及各种特殊装帧和制作封套等多项工序。

8. 检查和验收

为保证古籍修复工作的质量，相关古籍修复单位要建立科学的成品质量检查标准和验收制度。经过成品检验，应对送检的古籍评定级别。对于质量不合格的成品，应重修。

9. 交付

修复好的书要按时交给委托单位，交接时要当面进行检验，并在工作单上签署收件人姓名及交接日期，以备日后核查。

108. 古籍修复技术操作基本程序中，点收时应注意哪些因素？

1. 书页完整性检查

仔细检查每一页是否完整无缺，特别注意有无破损、缺失等现象。任何细微的残缺都可能影响古籍的整体价值和后续修复效果。

2. 页码顺序核对

认真核对书页的页码顺序，确保没有颠倒错乱的情况。这一步骤对于保持古籍内容的连贯性和准确性至关重要，避免因页码混乱导致的阅读困难或信息误导。

3. 无页码书稿的编号

对于没有页码标记的书稿，需按顺序逐页在书页的右下角用细铅笔轻轻写上号码。这种编号方式既便于后续拆分、整理书页时快速识别，也能在重新装订时依据号码恢复书籍的原貌，有效防止错页现象的发生。

4. 异常情况的及时反馈

在点收过程中，一旦发现书籍现状与委托单位提供的信息不符，如书页数量不符、内容有误等，应立即与委托单位取得联系，核实情况并妥善处理。

5. 清晰记录与全面了解

对待修书籍，需进行详细记录并做到心中有数。这包括书籍的基本信息（如书名、作者、版本等）、损坏状况及特殊注意事项等。通过全面了解书籍情况，可以为后续制订修复方案、选择修复材料和方法提供有力支持，使修复工作更加精准高效。

总之，点收环节是古籍修复工作的起点，只有在这一环节做到细致入微、全面准确，才能为后续修复工作打下坚实的基础。

*109.*古籍修复技术操作基本程序中，制订修复方案时应注意哪些因素？

在古籍修复技术操作的基本程序中，制订修复方案时，应综合考量以下关键因素，以确保修复工作的科学性与有效性。

1. 全面细致的损坏评估

首先，对古籍的损坏程度进行全方位、深入细致的检查，不容丝毫草率。这一步骤旨在准确掌握古籍的受损状况，包括但不限于纸张破损、字迹模糊、装帧解体等，为后续修复工作提供翔实依据。

2. 精准的损坏原因分析

深入分析古籍损坏的具体原因，区分生物性破损（如虫蛀、鼠啮）、机械性破损（如人为或器物划伤）、风化性破损等不同类型。针对不同原因造成的损坏，需采取不同的修复策略和技术手段，以确保修复效果的最优化。

3. 差异化的黏结处理

针对书页间存在的各种黏结情况，如潮湿黏结、糨糊黏结、胶质黏结等，需根据黏结物质的特性和黏结程度，制订相应的分离修复方案。这要求修复人员具备丰富的专业知识和实践经验，以准确判断并妥善处理各种复杂情况。

4. 对版本与年代的特别关注

在制订修复方案时，古籍的版本和年代是必须高度重视的因素。对于普通版本书籍，修复目标主要聚焦于恢复其整洁度、牢固性和使用功能；而对于年代久远、具有极高历史价值的善本、珍本书籍，则需采取更为精细的修复工艺，力求在修复损坏的同时，最大限度地保留原书的特色与风貌，达到"修旧如旧"的理想效果。

综上所述，制订古籍修复方案是一个复杂而精细的过程，需要修复人员具备高度的责任心、敏锐的洞察力和深厚的专业素养，以确保每一部古籍都能得到科学合理的修复与保护。

110. 古籍修复技术操作基本程序中，"拆书"包括哪些步骤？

1. 拆除书皮与订线

剪断并移除古籍上的订线，此过程中需避免用力过猛，以防书籍封面或内页因拉扯而破损或撕裂。

2. 拆解纸捻

轻轻用手将书脊分离至约二分之一处，显露纸捻。根据书脊厚度选择分段处理：对于书脊较薄的书籍，直接使用剪刀精准地剪断纸捻；对于书脊较厚的书籍，可将纸捻分段处理，如剪为三段或四段。接着，利用尖嘴钳夹住纸捻一端，缓缓旋转并拔出，同时轻柔地捻动书脊，使书页自然分离。在书页分离过程中，若遇纸捻孔处不平整，可用毛笔蘸水润湿后，轻拍纸捻孔处，使其恢复平整。此步骤虽看似简单，却对后续工作至关重要，不可省略，以免书页在后续处理中受损。

3. 书页排序与整理

将拆分后的书页按页码顺序逐一核对，并在工作笔记中记录所有缺页或页码错误的情况。对于无页码的手稿、抄本等，需在书页背面右下角用铅笔

标注顺序，作为后续装订时排列的依据。完成页码核对后，将书页整理对齐，底部垫以木板，上部再压一块木板，稳固放置于工作台一侧，以便后续操作。

4. 书页与书皮的分离处理

针对因水湿、霉变导致书页粘连的情况，需采用适当的方法将书页逐一揭开。常用的方法包括干揭法、湿揭法及蒸揭法等，根据书页粘连程度和材质特性选择合适的方法，以确保书页在分离过程中不受损害。

综上所述，"拆书"作为古籍修复技术中的一项重要工序，其每一步操作都应严谨细致，以确保古籍能够得到妥善的修复与保存。

111. 古籍修复技术操作基本程序中应如何开展检查和验收工作？

1. 书页的修补

对于书页的修补，要检查糨糊的使用是否适当，有没有"小疙瘩"或粘连不牢的地方；配纸的质料及其颜色是否相宜，薄厚是否均匀。补破方面要检查修补得是否平整，补缀中是否损伤了书页上的字迹；折页是否平直；书口是否有偏斜或损伤；捶书是否均匀平齐。

2. 封面的修复

对于封面的修复，要检查纸张是否与书页配套，是否平整。

3. 装订方面的修复

对于装订方面，应检查装订是否牢固、美观；书册、书页的顺序与原装是否一致；裁书是否齐整，有无损及书上的字迹；打磨的地方是否发光、起毛；书角包得是否严紧、挺括，大小是否合度；打眼是否有歪斜；订线粗细是否合适，颜色是否协调；线是否穿得松紧合适；各种特殊装帧的古籍是否合乎特殊要求等。

112. 古籍书页的修复主要包括哪些项目？

古籍书页的修复是整个古籍修复工作中最主要的工序，不仅数量最多，费工最多，而且也是决定一部古籍修复成败的关键。

古籍书页的修复，包括以下项目：

1. 清除书页的各种污渍；

2. 选配和染制书页修补用纸；

3. 连接书页开裂的书口；

4. 破损书页的补缀；

5. 糟朽书页的裱补；

6. 粘连书页的揭补；

7. 补坏书页的重修；

8. 短小书页的镶补；

9. 书页的补字、补栏；

10. 书页的喷水压平；

11. 防止书页色彩的涸染和烘散。

113. 清除古籍书页的污染在操作时应注意哪些方面？

1. 色彩保护

对于书中印有红格、蓝格等特殊色彩的书页，在进行任何清洗操作前，应首先进行局部水试验，以确认颜色是否会因遇水而扩散。通常不建议立即使用水洗，以防颜色渗透造成古籍损坏。应谨慎评估，必要时寻求专业意见，以避免不可逆的色彩损失。

2. 化学去污剂的选择

若书页上沾染了油迹、墨水、霉斑等难以清除的污渍，应选用对书籍无害的化学去污剂进行处理。在使用过程中需确保去污剂能够有效去除污渍的同时，不会对书页材质造成进一步损坏。

3. 书页干燥与保存

无论采用哪种清洗方法，洗净后的书页都应立即进行压干处理，严禁直接晾晒或暴晒，以免书页变形、褪色或产生裂纹。在压干过程中，书页间的吸水纸需频繁更换，尤其是在潮湿的季节，每天至少应更换两次，以有效防止书页因湿度过高而发霉。此外，保持清洗环境的清洁与干燥，也是保障书页安全的重要措施。

114. 古籍书页用热水漂洗法是怎么操作的?

古籍书页的热水漂洗法,是一种不用化学清洗剂,仅凭热水来清除水渍痕迹、泛黄、发灰及发黑现象的细致工艺。以下是该方法的操作步骤。

1. 准备一只特制的铝质长方形水槽,其深度约为 10 厘米,宽度介于 45 至 50 厘米之间,长度则在 70 至 80 厘米。水槽右下角要预留一个小圆孔作为排水口,在漂洗前,用橡皮塞或布料等物紧密堵塞此孔,确保无渗漏现象。

2. 漂洗前,需谨慎揭取书页的封面与封底,随后在水槽底部铺一层保护纸。接着,将拆散的书页逐张错开排列,每七八张书页为一组,每组之间垫上一层薄纸,以此逐层堆叠,直至所有书页放置妥当。这种分层设计便于后续逐层揭开,且每次漂洗的书页厚度应控制在不超过两册(约 50 页)为宜,对于纸张较厚的书籍,建议每次只漂洗一册,以确保漂洗效果。

3. 书页堆叠完成后,顶部同样覆盖一层纸,并压上一根木条以稳固结构。随后,使用装有 75℃ 至 90℃ 热水的容器,沿着书页边缘缓缓浇淋,注意水流不宜过急,以免损伤书页。浇淋完毕后,让书页在热水中充分浸泡一段时间,确保全面浸透。待水温降低后,打开排水孔,将水槽倾斜以排尽污水,同时可轻轻按压盖纸或使用木条辅助,挤去书页中残留的污水。若首次漂洗未达到理想效果,可按上述步骤重复操作。

4. 漂洗结束后,于工作台上铺设一块长 75 厘米、宽 35 厘米、厚 2 厘米的木板,调整至 45 度倾斜角,并在其上方铺满吸水纸。按照原先隔纸的层次,逐一揭开书页,平铺在木板上的吸水纸上,每层书页上再覆盖几层吸水纸。摆放时需维持书页原有顺序,避免错乱。之后,在盖纸两端压上重物,如石块,每日定时更换吸水纸,直至书页完全晾干。

注意，对于糟朽严重的书页，要特别处理，使用干净的素纸逐一包裹后再行漂洗，以防在漂洗过程中碎裂。通过这一系列的操作，能够有效恢复古籍书页的清洁与平整。

115. 古籍书页用碱水漂洗法是怎么操作的？

面对污染较重的古籍书页，单纯的热水漂洗往往力不从心，此时要借助专业的清洗剂——碱水，来进行更为彻底的清洁。碱水漂洗法在操作流程上与热水漂洗法异曲同工，区别在于这种方法有更强的去污能力。

首先，制备适宜的碱水溶液是关键。按照 2.5∶100 的碱水比例，通常是将 50 克洗涤碱溶解于 2 千克温度介于 75℃—90℃ 的热水中，混合均匀后备用。若书页污染尤为严重，可适当增加碱的用量，但比例应控制在 4∶100 以内，以避免对书页造成不必要的损害。

在漂洗过程中，应轻柔操作，避免用力过猛或水流过快而导致书页受损。每次漂洗的书页数量建议不超过 50 张，以确保每一张都能得到充分的清洁。为增强清洗剂与书页的接触效果，可在碱水覆盖书页时，用木条轻轻按压书页表面。待碱水冷却后，拔掉排水塞，排出碱水，随后用清水反复冲洗书页两至四次，直至彻底去除残留碱液与污物。

此外，碱水漂洗法还可采用一种更为直接的方法：将 35 克至 50 克（视污染程度调整）洗涤碱研磨成碎末，均匀散布在已按顺序排列好的书页四周。随后，将约 2 千克 75℃—90℃ 的热水沿书页边缘缓缓浇淋，注意水量需足以淹没所有书页。浸泡片刻后，轻轻提起水槽一角，轻微摇晃，使碱水在书页间流动，进一步冲刷污渍。完成初步清洁后，同样要排尽碱水，并以清水冲洗书页。

无论是哪种操作方式，书页洗净后的处理步骤均与热水漂洗法一致：去除多余水分，逐层揭开书页，最后置于适宜环境下晾干。通过这一系列的精细操作，古籍书页得以重焕新生，展现出更加清晰、纯净的面貌。

116. 古籍书页用漂白粉溶液漂洗法是怎么操作的？

漂白粉溶液，作为一种高效的清洗剂，其漂白效果往往超过碱水，尤其对于有深度污染痕迹，或受烟尘侵袭而发黄、发灰的白纸书页，展现出非凡的清洁能力。然而，其应用亦伴随着风险。漂白粉溶液对纸张的腐蚀性较强，且处理后的书页不易长期保存。因此，在对待善本、珍本古籍时，此法绝对禁用。即便是普通版本的古籍，使用漂白粉溶液前也应慎之又慎，特别是纸质脆弱或本色偏黄的纸张，更应避免使用，以免对古籍造成损坏。

为确保安全，使用漂白粉溶液前必须进行严格的耐洗试验。此试验旨在评估纸张对漂白粉的耐受度及溶液浓度的适宜性，通常选用同质地纸张或废页小块进行。漂白粉的兑水比例大致为1:100，但具体比值应依据耐洗试验结果调整，以达到在有效去污的同时最大限度减少对书页的损伤的目的。

配制漂白粉溶液时，需准备约2千克75℃—90℃的热水及20多克漂白粉。首先在小碗中溶解漂白粉，随后缓缓将溶液倒入盛有热水的盆中，搅拌均匀。同时，备一盆净水以备漂洗之用。

漂洗过程分为整册漂洗与分页漂洗两种方式：

整册漂洗法：先将书页轻轻抖松，随后将有污染的书页完全浸入漂白粉溶液中，再迅速将剩余书页逐一蘸过溶液表面，以确保全部书页色泽均匀。之后，立即将书页转移至净水盆中，反复漂洗直至无漂白粉气味残留。随后，按顺序揭开书页，分层置于干燥的吸水纸上，其间需多次更换吸水纸，直至

书页完全干燥。

分页漂洗法：双手持书页上端，将书页下端浸入漂白粉溶液中轻洗一两次，随后放置于与书页等大的木板上。接着，手持木板，将书页另一端同样浸入溶液中清洗。之后，立即用清水彻底冲洗，去除残留的漂白粉溶液及气味。处理完一页后，再依此法漂洗下一页。随着漂洗的进行，溶液效力会逐渐减弱，此时要按原比例添加新漂白粉或整体更换溶液。

无论采用何种漂洗方式，操作均需迅速且准确，确保书页在漂白粉溶液中的时间尽可能短，以免书页受损。切记，漂洗工作应一气呵成，不可中断或隔夜处理，以免书页因长时间浸泡而损坏。

117. 书页的局部去污法怎么操作？

局部去污法适用于书页上出现的局部水痕、斑点、泛黄、发黑、发灰或其他局部污染问题。此方法不仅高效，而且能够最大限度地保护书页的完整性。

首先，准备一碗温度75℃—90℃的热水，或按合理比例调制的碱水、漂白粉溶液。若上述溶液不便获取，肥皂溶液同样可作为有效的替代品。

接下来，利用毛笔、小排笔或柔软的棉花球，蘸取适量的热水或所选的清洗液，轻轻擦洗书页上的污染区域。注意，动作需轻柔且精准，以免对书页造成不必要的损伤。若一次擦洗未能彻底清除污染，可重复多次，直至满意为止。同时，需保持擦洗用液的温度适中，过低的温度可能会影响去污效果。对于使用非热水清洗液（如碱水、漂白粉溶液或肥皂溶液）进行擦洗的书页，在完成去污步骤后，务必使用清水进行多次擦洗，以彻底清除书页上残留的清洗液，避免对书页造成二次损坏。

若新擦洗过的书页上留下水痕，可采用喷雾器对书页未擦洗部分轻轻喷水，以平衡书页湿度，防止因局部受潮而导致书页起皱或不平整。随后，用吸水纸隔开并轻轻压好书页，待其自然晾干后，再小心撤去吸水纸。

对于全书基本完好，仅少数书页存在水痕、斑点的古籍，无须拆散全书。只用在受污染书页的夹页中插入一张纸作为保护，再在该书页后垫上另一张纸，然后按照上述热水漂洗法进行局部处理即可。处理完毕后，可以在书页其他部分喷适量水以保持湿度平衡，并夹上吸水纸。对于其他需要漂洗的书页，重复上述步骤。最后，用重物压好书页，待其完全晾干后，再撤去吸水纸，即可恢复古籍的整洁与美观。

118. 怎么清洗书页上的小面积轻度油污、蜡痕？

清洗书页上的小面积轻度油污、蜡痕一般使用热烫法，其操作方法是：

首先，将电熨斗接通电源，待其预热至理想的温度区间；接下来，挑选两张优质棉纸张，它们应具备良好的吸水性能与略粗涩的表面质感，这些特性有助于吸收融化的油污与蜡痕。避免使用旧报纸等印有字迹的纸张，因为电熨斗的高温可能使旧报纸上的油墨溶解，导致字迹反印至书页上，造成二次污染。

随后，将一张棉纸垫在待处理的书页下方，另一张则轻轻覆盖其上，确保油污与蜡痕区域被完全且均匀地包裹。这样的设置不仅能保护书页免受高温的直接损害，还能提高清洁效率。

当电熨斗达到适宜温度后，开始进行熨烫操作。电熨斗在覆盖有棉纸的书页上缓缓移动，每一次触碰都恰到好处地传递热量，促使油污与蜡痕逐渐融化并被棉纸吸收。在熨烫过程中，始终要保持高度的专注与耐心，并不时地掀开覆盖的棉纸，仔细检查书页上的清洁情况，确保无遗漏之处。

为确保棉纸的吸附效果，应在熨烫过程中不断移动上下铺垫的棉纸，并在发现其已饱和时立即更换纸张。

对于油污与蜡痕较为严重的区域，应采取反复熨烫的方法，通过多次加热与吸附的循环过程，逐步淡化并最终去除这些顽固污渍。即使不能完全清除，也能显著改善书页的清洁度与视觉效果。

在使用电熨斗时，必须严格将温度维持在理想的温度区间，过高或过低的温度都可能对书页造成不可逆转的损坏。只有在这样的精准控制下才能确保每一次的清洁都能达到最佳效果。

119. 怎样清理油渍污染严重的书页？

面对书页上顽固的油渍污染，采用有机溶剂清除法是一种行之有效的策略。在选择溶剂时，关键在于精准判断油污的性质，同时确保所选溶剂不会对书页上的印刷或书写墨迹造成任何损害。为此，须进行溶滴挤压试验，该试验通过在一小张棉纸上滴加一滴溶剂，覆盖书页字迹并用力挤压的方式来检验溶剂的安全性。若棉纸上未留下脱墨痕迹，则证明该溶剂适用于当前书页的清洁工作。

针对动物油（如猪油、牛油、奶油等）和矿物油留下的斑痕，丙酮与乙醚的混合剂具有良好的清洁效果。然而，由于该混合剂易挥发且具有一定毒性，还可能损坏油漆台面，因此操作时必须在配备良好通风设施的独立操作间内，使用玻璃台面进行，并在操作结束后迅速离开，以防吸入有害气体。此外，乙酸乙酯等溶剂同样能够有效去除油、蜡污痕，且对纸张的损害相对较小，是清理此类污渍的优选方案。

对于更为顽固的植物油渍（如豆油、花生油、菜籽油、桐油等），虽然清理难度较高，但使用乙酸乙酯、苯甲醇混合剂等仍能达到较为满意的效果。需要注意的是，吡啶虽然对消除植物油渍效果显著，但由于其对纸张的损害较大，因此仅推荐在普通古籍上使用，并需严格控制用量和操作步骤，以免对善本、珍本古籍造成二次损坏。

在清洁过程中，务必保持耐心与细致，确保溶剂充分作用于油渍区域，并适时更换新的棉纸以吸收溶解的油污。清洁完毕后，应立即使用清水彻底冲洗书页，以去除残留的溶剂，防止其进一步侵蚀纸张。最后，将书页平铺在干净的吸水纸上自然晾干，避免使用热风吹干，以免纸张变形或产生褶皱。

120. 采用有机溶剂清除法的具体步骤是什么？

第一，在受污染的书页下方铺设一层柔软的棉纸作为防护层，以吸收溶解的油渍及多余的溶剂，避免对书页造成进一步损坏。

第二，使用已浸透适量有机溶剂的棉花团，轻轻按压于油渍之上，让溶剂与油渍充分接触并溶解。对于较大范围的油渍，则应选用毛笔或小排笔，蘸取适量溶剂，以轻柔而均匀的手法进行涂刷，确保油渍全面被溶剂覆盖并溶解。

第三，在溶解油渍的过程中，需密切关注垫纸的吸收情况，一旦发现其吸收能力减弱或已饱和，应立即更换新的棉纸，确保油渍被持续有效地吸收，避免污染扩散。

第四，待油渍被完全溶解并吸收后，迅速使用清水轻轻冲洗书页表面，以彻底清除残留的有机溶剂，以防有机溶剂对书页造成损坏。

第五，冲洗完毕后，用干净的吸水纸轻轻夹住书页，吸去多余的水分。随后，将书页置于通风良好的平面上，用合适的重物压在书页上，以确保其在自然晾干过程中保持平整，避免产生褶皱或变形。

121. 怎样消除书页上的各种霉斑？

古籍在潮湿闷热环境中极易遭受霉变侵蚀，轻则表面遍布斑驳霉点，重则导致整体腐烂，损毁严重。霉斑的形态多样，处理方法也应因斑而异。

1. 白斑

白斑（又称"干霉""白霉"或"白花"），此类霉斑相对易于处理，可采用热水漂洗法直接去除。若初次漂洗未能彻底去除，可辅以毛笔或小排笔蘸取热水轻轻刷洗，反复几次，白斑通常可完全消除。

2. 绿斑、黄斑及浅褐色霉斑

绿斑、黄斑及浅褐色霉斑较为顽固，需使用碱水或漂白粉溶液进行漂洗。若漂洗后仍有残留，可将古籍置于阳光下暴晒三至四个小时，利用紫外线促使霉菌失活并松动，随后用干毛笔或小排笔轻轻拂去霉斑表层菌体。接下来，先以毛笔蘸取高锰酸钾溶液涂刷霉斑部位，再用草酸溶液进行中和处理，最后用清水彻底冲洗去除残留清洗剂，夹入吸水纸，压平晾干。

122. 怎样消除书页上的墨渍？

书页上沾染了墨渍很难消除，简便的办法是挖补，但挖补就会伤书。当书页的纸质状况良好时，可以尝试一种更为温和且有效的方法 —— 骨胶粘剥法，具体操作如下。

1. 准备骨胶溶液

将适量的骨胶放入容器中，先用温水浸泡使其软化后再加热溶解。在加热过程中务必注意安全，避免被烫伤。

2. 细致涂抹

待骨胶溶液冷却至适宜温度后（避免过热导致书页受损），使用细小的刷子或棉签，将骨胶溶液均匀地涂抹在书页上的墨渍斑痕上，确保墨渍被完全覆盖。让书页静置一段时间，让骨胶溶液充分渗透并吸附墨渍的成分。这个过程需要耐心，因为吸附效果会因墨渍的严重程度和纸张的吸水性而有所不同。

3. 轻轻剥落

当骨胶溶液完全干燥并形成一层薄膜后，用指尖或轻巧的工具（如镊子）将其从书页上剥离。此时，随着薄膜的脱落，大部分墨渍也会被一并带走，使书页恢复清洁。

请注意，此方法适用于纸质尚好的书页，不适用于纸质过薄或墨渍已深入渗透的古籍，以免进一步损坏书页。另外，在操作过程中，请务必保持手部清洁，避免将新的污渍带到书页上。

123.怎样使用高锰酸钾和草酸溶液消除书页上的红、蓝墨渍?

1. 准备溶液

准备 3% 的高锰酸钾溶液和 5% 的草酸溶液。

2. 涂抹高锰酸钾溶液和草酸溶液

将染有红、蓝墨渍的书页摊开,用毛笔蘸取高锰酸钾溶液涂抹在污渍处。等待一到两分钟,让高锰酸钾与墨渍充分发生反应。用另一支毛笔蘸取草酸溶液,涂抹在涂过高锰酸钾的地方。等待片刻,红、蓝墨渍会逐渐消除。之后,用毛笔蘸取清水洗去书页上的高锰酸钾残液和草酸残液。

3. 压平晾干

用吸水纸夹上书页,压平并晾干。

注意事项:高锰酸钾和草酸的去污力很强,但对纸张有腐蚀作用,因此不能多用,以防书页受损。

124.怎样使用双氧水消除书页上的红、蓝墨渍?

1. 在染有墨渍的书页下方垫一张吸水纸,再用浸透双氧水的棉球轻轻地在墨渍上来回擦拭;

2. 在擦拭过的书页上方再盖上一层吸水纸,用手掌轻轻按压几下,帮助双氧水更好地渗透和反应;

3. 用毛笔蘸取清水将双氧水洗掉，并撤去湿了的吸水纸，再垫上干的吸水纸，略微喷一点儿水，用重物压好书页；

4. 待书页晾干后，揭去吸水纸。

注意事项：双氧水具有去污作用，但使用时应注意不要过量，以免对书页造成不必要的损坏。

125. 怎样消除书页上的铁锈斑痕？

如果书页上沾有铁锈斑痕，可以使用草酸或柠檬酸进行清洁。具体步骤为：用棉签或细毛笔蘸取适量的草酸或柠檬酸溶液轻轻涂抹在铁锈斑痕处，这些酸性物质能有效分解铁锈，从而使其从书页上脱离。然而，完成去锈后，务必立即使用清水冲洗污渍区域，确保彻底清除残留的草酸或柠檬酸溶液。这是因为残留的酸性物质可能会继续与纸张发生化学反应，从而损坏书页，影响其保存状态。

126. 怎样清除书页上的铅粉返黑？

过去的读书人曾使用铅粉（又称"铅白"，化学名为"碱式碳酸铅"）来校正古籍中的印刷错误或个人批注中的笔误。然而，铅粉不仅具有毒性，且随时间推移易与空气中的硫化氢反应，生成硫化铅，从而使书页出现返黑现象。

传统方法中，人们尝试通过一种较为激进的方式处理返黑：使用湿润的棉纱线环绕住受影响的区域，先在外层棉纱上轻轻涂抹清水，随后在内部返黑处点涂酒精或烧酒，迅速点燃后即刻吹灭火焰。这种方法的原理是利用燃烧产生的热量促使硫化铅发生氧化反应，从而恢复铅粉原有的白色。然而，此法存在烧毁书页的风险，因此现已不再使用。

现代则更倾向于采用更为安全、高效的双氧水氧化法。具体步骤为：使用毛笔蘸取适量双氧水，轻轻涂抹在书页上铅粉返黑的区域。双氧水作为一种强氧化剂，能够有效促进硫化铅的氧化分解，使铅粉重新变白。若初次处理效果不理想，可重复操作一至两次。但要注意，操作过程中务必避免双氧水溢出至未受影响的区域，以免损伤书页原有色泽。完成后，还要用热水轻轻擦拭涂抹处，确保双氧水完全清除，随后用吸水纸吸去多余水分，并最后进行喷水、晾干与压平处理，以恢复书页的平整与美观。

127. 怎样消除书页上的虫粪和虫卵？

1. 初步清除

使用柔软的干棉球轻轻擦除吸附在书页上的虫粪和虫卵。对于夹缝中的污染物，需特别小心，以免损坏书页结构。

2. 深度清洁

用干净的棉球蘸取适量的白醋（因其温和且能有效去除污渍）或医用酒精，在虫粪和虫卵残留的区域轻轻擦拭。注意控制擦拭力度和液体用量，避免液体渗透至书页内部。

3. 清洗与中和

使用清水浸湿的棉球，再次轻轻擦拭书页，以去除残留的白醋或酒精。

这一步有助于保持书页的清洁与酸碱平衡。

4. 自然晾干

为了加速干燥过程，在书页下方垫上几层干净的吸水纸，并轻轻压上重物（如厚重的古籍），帮助吸收多余水分。然后，将书页置于通风良好、避免阳光直射的地方自然晾干。待书页完全干燥后，再移除吸水纸和重物。

5. 面团去污

若书页上的虫粪和虫卵较多，难以一一清除，可以尝试使用面团去污。取一小块未发酵的面团，轻轻地在污染处滚动，利用面团的黏性吸附并带走虫粪和虫卵。使用面团时要轻柔且耐心，以免损伤书页表面。

6. 后续维护

清理完毕后，应确保将古籍存放在干燥、通风且防虫的环境中，以降低未来再次受到污染的风险。定期检查古籍状况，及时发现并处理新的污染问题，是保护古籍的重要措施。

128. 选配修补古籍的用纸有哪些要求？

选配修补古籍的用纸，首先要考虑的是纸张的各项特性，特别是其颜色、厚度、纹理及年代感，务必使之与待修复的原书用纸相匹配。最佳的做法是使用旧纸，因为旧纸在颜色、质地、厚度及纹理上更易于与原书融为一体，从而确保修复效果的自然和谐。

旧纸的获取途径多样，可尝试在古董市场或文物商店中寻找，抑或联系造纸厂及废品回收站，探寻可用的旧纸资源。此外，一些已无保存价值的古旧书籍中的零散页面，也是宝贵的旧纸来源。鉴于旧纸资源的稀缺性，每位修复工作者都应成为"寻宝者"，在日常生活中积极搜集各类可用纸张，并妥善保存修书过程中替换下的副页、空白页及旧衬纸，甚至是废古籍中的天头、地脚及书脑部分，以备不时之需。

在进行配纸工作时，务必注意光线条件。强烈或昏暗的光线均可能导致纸张颜色失真，进而影响配纸的准确性及修书质量。因此，建议在自然光线充足且柔和的环境下进行配纸工作，避免使用灯光，以免光线变化对纸张颜色造成干扰。

至于配纸的颜色选择，首要原则是尽量与原书保持一致。若实在难以找到完全匹配的纸张，则应选择颜色相近的纸张进行替代。但要注意，这种相近应偏向浅色调，即所配纸张的颜色应略浅于原书纸张的颜色，而不可过深。因为浅色调的纸张更易于与原书融为一体，使修补后的书页看起来更加和谐自然。相反，若原书纸张颜色较浅而配纸颜色过深，则会使修补部分显得突兀难看，影响整体视觉效果。

129. 古籍修复中染纸工序有哪些要求？

在古籍修复过程中，染纸工序至关重要，其要求具体而严格。以下为该工序的详细要求。

1. 染料选择

鉴于纸张的脆弱性，应采用对纸张无腐蚀的植物染料与矿物颜料，如赭石、藤黄、槐黄等。同时，根据地域特点，灵活选择如板栗壳等替代染料。

2. 工具筹备

根据染纸规模，准备适宜的容器与工具。小规模用搪瓷盆、大毛笔及晾纸架即可，而大规模则需配备专门的染纸槽。

3. 染液调配

染液的颜色需一次性调配准确，以免因色差影响整体效果。调配时，应考虑染料浓度、纸张数量及颜色深浅，同时水质与气候也是不可忽视的因素。通过多次试色，确保染液颜色与原书纸张颜色相近，且遵循"浅调为主"的原则。

4. 胶水添加

为使染色均匀并防止出现花斑，要在染液中加入适量胶水作为分散介质。胶水的选择与用量会直接影响纸张的着色效果与物理性能，需精心挑选并准确调配。同时，根据需要可加入胶矾水以增强纸张性能。

5. 染色操作

将纸张缓缓浸入染液中，确保染色均匀。此过程中需控制时间与温度，避免纸张受损或染色不均。

6. 晾干与检验

将染色后的纸张晾干，并进行仔细检验。如有瑕疵或不足，应及时进行调整与补救。

130. 染纸用的染汁怎么制作？

1. 复古金色或铜色

原料为核桃壳、清水、少许淀粉糊。将核桃壳煮沸，提取其色素。随后，将淀粉糊缓缓加入，搅拌均匀，以固定颜色。

2. 淡雅的米白色

原料为大米汤（煮米饭时留下的水）、少量明矾、胶液。将大米汤加热至温热，加入明矾，使其溶解。再混入胶液，以增强纸张的附着力。

3. 棕色调或褐色调

原料为茶叶（红茶为佳）、红糖、白矾、少量胶水。将茶叶与红糖混合煮沸，待颜色充分释放后加入白矾，最后加入胶水，制成稳定的染液。

4. 暖色调的橙黄

原料为姜黄粉、热水、白胶。将姜黄粉溶于热水中，搅拌至完全溶解。随后，加入白胶，调整至适合染纸的稠度。

5. 仿古白纸

原料为石膏粉、清水、少量钛白粉（用于增白）、胶水。石膏粉与清水调和，加入钛白粉，搅拌均匀。最后，加入胶水，以稳定染液并增强纸张的韧性。

请注意：染液的温度需适中，过热或过冷均可能影响染色效果；在添加辅助材料（如淀粉糊、胶水等）时，应边加边搅拌，以防结块；使用前，建议先在小样纸上试色，以确保染出的颜色符合预期。

131. 染纸的操作方法有哪些？

染纸的操作方法多种多样，主要有排刷法、拉染法和浸染法。

1. 排刷法

（1）将纸三四张叠为一沓，平放在工作台上；

（2）用排笔蘸取染汁，从浅到深一层层地往纸上刷色；

（3）刷色时要顺着纸纹方向均匀涂刷，避免颜色深浅不一；

（4）刷完后晾在竿上，待半干时逐张揭开，再晾至完全干燥并压平备用。

2. 拉染法

（1）将染汁倒入特制的染槽内；

（2）双手提着纸张的一端，顺着槽慢慢拉染，使整张纸均匀浸透染汁；

（3）拎起纸张，晾干后压平备用。

3. 浸染法

（1）将数张棉纸平放于染槽中，倒入染汁；

（2）用手压纸，使染汁充分渗透到纸内；

（3）晾至半干时，揭分纸张，完全干燥后压平备用。

对于染制纸张的传统技术，古人积累了丰富的经验，如苏伯衡的《染说》和周嘉胄的《装潢志》中都提到了相关要领和注意事项。这些经验对于我们今天染制纸张仍然具有重要的借鉴意义。在实际操作中，我们应注重发掘和借鉴古人的智慧，做到古为今用。

132. 溜口技法适用于什么情况？

中国古籍的书页大多是中间折叠的双页，书口朝外。翻阅久了或受到磨损后，书口部位就会开裂。开始是半开裂，慢慢就全破裂，这时一张书页就会变成两张单页，不但翻读起来很不方便，而且容易损坏、粘连。有的书页虽然书口还没有开裂，但书口处已磨得很薄，一碰就破，这是古籍修复工作中经常遇到的一种问题。修补这类图书就要用到溜口技法，其目的就是用纸张和糨糊等把开裂的书口粘连起来，将两个单页重新修复成一个整页。溜口技法是书页修复中的一道基础工序。

133. 溜口技法要用什么材料？

溜口用的材料，以质地疏松而又富有韧性的薄棉纸为佳。上海棉纸、河南棉纸、贵州棉纸都较为适用。切不可用质地紧密的厚棉纸，否则捶书时就捶不平。如果用厚棉纸给一部册帙较多的古籍溜口，那么这部书不仅捶不平，而且会形成书口高、书脊低的斜坡形，看起来十分不美观。

134. 溜口技法的具体操作步骤是什么？

1. 铺放书页

将开裂的书页背面向上平放在工作台上，将开裂处对齐并拢，注意避免两个半页搭茬或上下错位。

2. 抹糨糊

用左手手指压住书页，勿使其移动，右手持蘸过稀糨糊的毛笔顺着开裂处上下均匀地涂抹约 1 厘米宽。如果开裂处有破损，则在破损边缘也抹上稀糨糊。

3. 溜口

取一条约 1 厘米宽的溜口棉纸，一手捏住其上端，另一手持其下部，将溜口条轻轻地从下到上贴在书口上，再用右手中指在溜口条上轻点几下，使其固定。用一张厚的吸水纸垫在上面，用手在吸水纸上来回按压，使溜口条和开裂处粘贴平整，然后两手持书页的两边同时慢慢地从桌上提起，放于吸水纸上，边修边将修好的书页相互错开两三厘米排放，五六页为一层，垫上一张吸水纸，依此方法逐层修补排放。

135. 溜口有哪些需注意的地方及小技巧？

1. 为了减小厚度，易于锤平，溜口纸多采用较薄的棉纸，使用之前须按

纸的竖纹裁成宽约1厘米的小条。

2. 溜口纸的颜色也有要求，因棉纸多为白色，如需修补黄色书页时，要将棉纸染色后使用，否则修补后书口处泛白不美观。

3. 无论书页如何破烂，只要不需用托裱修复，书口处若有破损，修补时就须先进行书口的补破、溜口，然后再修补书页其他部位的破损处，即先补中间部位，再补其他部位，否则由于糨糊的作用，书口不易对齐。

4. 有些书页溜口后会出现稀糨糊的水迹，修补完后可随手用喷水壶喷少许水，使其微微湿润，待干后水迹自去。

5. 如果书页容易跑墨、洇色，不宜直接在书页上刷稀糨糊，可将稀糨糊刷在溜口纸上，然后在溜口纸背面垫一张宣纸吸去多余水分，再进行溜口操作。

6. 如遇两面有字的开裂书页，可取与书页同样颜色、比书页稍薄的棉纸（或其他较有韧性的纸），将其裁成约0.5厘米宽的纸条，先在书页的一面用笔蘸稀糨糊抹在开裂处无字的地方，然后用纸条一点一点将开裂处无字的地方补好。补好一面后，将书页翻过来，在书页的另一面，以同样的方法，用纸条将开裂处无字的地方补好。这样，经过两面修补后，书页就牢固了。

136. 溜口技法操作质量要求是什么？

1. 所用糨糊稀稠适当，溜过口的地方不缩不皱，平整洁净；

2. 拼缝平整，缝隙紧密，无褶皱，开裂处无搭茬和上下错位现象；

3. 书口折叠后无毛刺，也无喇叭口现象；

4. 书页上无修补后的水渍印。

137. 破损书页的补缀，在技术操作上有哪些必须遵守的规则？

1. 备齐修补所需材料：纸张、糨糊、各类刷子、吸水纸巾、塑料薄膜、木夹、喷水器、镊子、剪刀及裁纸器；

2. 修补过程应专注细致，尽量一次完成，避免多次修补带来的损坏；

3. 小面积破损可局部修补，大面积则需小心拆解书页进行修补，拆解时需注意避免新增损伤；

4. 在补缀前，可以对书页进行适当喷水，使其保持微湿状态，以防变形；

5. 补缀用纸应尽可能与原书页在颜色、厚度、外观和质地等方面相匹配；

6. 在补缀前，需确认并匹配原书页与补缀用纸的纹路方向，以确保修补后的书页平整；

7. 刷糨糊时应顺着纸张的纹理进行，以确保糨糊均匀分布并增强黏合效果；

8. 糨糊的稠度需根据书页的材质和厚度进行调整，以确保补缀的牢固性和美观性；

9. 刷糨糊时不宜过量，以免书页干燥后变硬变脆，同时需及时用棕刷排出多余糨糊；

10. 修补完成后，及时清理缝隙间残留的糨糊，并保持工作台面的整洁，以防对书页造成污染。

138. 书页孔洞怎么补？

在修补书页孔洞前，首先用毛笔或细毛刷轻轻拂去书页上的虫粪及破损纸屑，必要时可用小刀或细砂纸小心处理，但要避免损坏文字。将书页反面朝下置于工作台，选取配纸并去除其光边，以暴露自然纤维，增强黏合效果。随后，用浆笔在破洞边缘均匀涂抹糨糊，注意涂抹范围不宜过宽。接着，将配纸对准破洞轻轻覆盖，并用手指轻压固定，随后用剪刀修剪掉多余纸张。修补时应遵循"先中部后外部、先大洞后小洞"的原则，以确保书页平整。对于半边严重破损的书页，建议先修补严重破损的半边，再翻转修补另一边。完成修补后，用手掌轻压修补过的地方，使其更加平整牢固，随后将书页置于吸水纸上晾干。修补好的书页应交错放置，防止粘连。

139. 书页边角怎么补？

为了修复书页边角的破损，可以采取以下步骤。首先要找到一些旧纸边，这些纸边的颜色应与书页内部的颜色相近。由于书页边角经常受到阳光的照射，颜色会比书页内部深一些，因此使用旧纸边进行修补可以使修补部分与书页整体色调更加协调。然而，在修补时还需注意，修补纸张的颜色不应过深，以免与书页内部的颜色形成鲜明对比，影响书页的整体美观。因此，在选择修补材料时，务必确保其与书页内部的颜色相匹配。

140. 书页霉烂怎么补？

如果书页的纸张保持着良好的韧性和完整性，那么可以选择在其局部霉烂之处进行精细的补破操作，具体方法如下。

在霉烂区域的背面粘贴上一小块精选的棉纸。这块棉纸不仅需要具有良好的黏合性，还需与书页本身的纸质相协调，以确保修复后的书页在视觉和触感上都能保持一致。同时，粘连的棉纸尺寸也应精心设计，务必确保它稍微大于霉烂的部分。在后续的修复过程中，无论是压平还是敲打，这样的设计都能有效防止棉纸与霉烂部分一同脱落，从而保证了修复的质量和稳定性。

141. 撕裂书页怎么补？

对于局部撕裂的书页，首先，轻轻翻开书页夹层，并在其下方放置一张塑料软片以防止进一步损伤书页。随后，选用一张稍硬的纸片作为垫纸，其宽度约为10厘米，长度略长于损坏区域即可。接着，在垫纸上涂抹适量的糨糊，并放置一条溜口纸条。随后，将垫纸与棉纸条一同插入书页夹层，确保它们能准确覆盖损坏处。在棉纸条上覆盖一张吸水纸，并用手掌轻轻按压以确保其牢固粘贴。待糨糊干透后，可轻轻抽出垫纸与塑料软片，并在书页内夹入新的吸水纸，压上重物直至完全干燥。最后，使用剪刀修剪多余的棉纸条。

对于裂口较短的书页，可将其摊平在工作台上，并用手或竹签轻轻翻开夹层。随后，将掀起的部分卷成筒状并用木板支撑。接着，用左手固定破损处，右手持毛笔蘸取糨糊涂抹在棉纸条上，并将其粘贴在裂口处。随后，夹上吸水纸并盖上木板，压上重物直至干燥。最后，撤去木板与吸水纸，修剪棉纸条，并进行必要的捶平与打磨。

若整册书页均受损或撕裂页数较多，则需将书本拆开进行逐页修补。修补时，需将书页逐一摊平，并使用棉纸条进行溜口处理。待全部修补完成后，再重新进行装订。

142. 被挖的书页怎么补？

在古籍修复过程中，若遇到书页被挖的情况，特别是图章被挖走时，要特别注意纸张的选配。由于图章多位于显眼位置，若纸张颜色与质地不匹配，修补处将显得突兀。若难以找到理想纸张，可考虑从书页订线眼处裁取纸块进行修补。修补前，需先将被挖处刮成毛茬，并涂抹糨糊，再将纸块对好纸纹贴上，轻轻按压并修剪多余部分。

另一种修补方法是，将裁下的补纸置于软木板上，再将待修补的书页按纸张纹路覆盖其上，并用尺板固定。随后，用挑针在书页被挖处周围划印，使补破用纸与破损处大小一致，并用棉纸条固定两者。翻转书页，修剪多余部分，并在反面涂抹糨糊，用棉纸条粘补四周。盖上纸张，轻压几下，再翻转书页，揭去正面固定用的棉纸条。最后，在修补处喷水，垫上吸水纸，盖上木板并压上重物，待干后取去重物和垫纸。由于补破用纸与书页用纸相同，且纸茬一致，修补后几乎看不出痕迹。

143. 两面有字的书页怎么补？

面对两面有字的书页的修复任务，首要原则便是保护字迹的完整与清晰。以下是两种主要修复方法的详细步骤。

1. 揭分与独立修复法

精选与书页质地相近的修复用纸，以及适量的天然植物糨糊。同时，确保备有尺子、排笔、棕刷等必要工具。在书页字迹较少的一面，轻轻涂抹一层薄薄的糨糊。随后，用细软的纸张或布料轻轻覆盖，并轻轻按压，使糨糊均匀分布。待糨糊稍干后，小心地将书页从原位置分离，成为两个独立的单页。对分离后的单页逐一进行检查，针对破损处进行细致的修补。修补时，要确保补纸与书页的颜色、质地尽可能相近，以减少修复痕迹。在书页修复完成后，可根据需要将两个单页重新合并。合并时，需确保书页边缘对齐，使用少量糨糊将其轻轻粘连，并通过棕刷等工具使书页平整。

2. 嵌补加固法

使用尺子精确测量书页破损处的尺寸和形状。根据测量结果，选择与书页颜色、质地相近的补纸，并裁剪成适当大小。将补纸轻轻放置在书页破损处，确保补纸与书页边缘紧密贴合。随后，使用细长的纸条或细线，沿着补纸边缘进行精细的粘连操作。粘连时，要尽量避开字迹部分，以减少对字迹的干扰。在嵌补完成后，可使用透明的薄膜或纸张对修补处进行覆盖和加固，以防止修补部分因使用而再次破损。

要注意的是，在修复过程中要始终保持细心和耐心，避免对书页造成不必要的损伤。同时，要根据书页的实际情况选择合适的修复方法，以确保修复效果达到最佳。

144. 受损的书页包括哪些情况？

受损的书页主要包括以下几种情况：

首先，是那些因潮湿环境而引发的问题。书籍在长时间受潮后，易滋生霉菌，导致书页出现大面积的糟朽现象。这种糟朽不仅破坏了书页的完整性，还严重影响了书籍的保存价值。

其次，虫蛀和鼠咬也是导致书页受损的重要原因。虫蛀通常是由书籍中的害虫如书虱、蠹鱼等引起的，它们会啃食书页，造成书页残缺不全。而鼠咬则更为严重，老鼠可能会咬破书页，甚至将整张书页撕扯下来，对书籍造成无法挽回的损坏。

最后，环境因素如风吹、日晒、烟熏火烤等也会导致书页的糟朽。例如，古籍长时间暴露在风中，书页可能会因风吹而破损；或者书籍被长时间放置在阳光下暴晒，纸张会变得焦脆易碎；再或者书籍遭受了烟熏火烤等意外情况，书页同样会遭受严重的损害。

综上所述，受损书页的情况多种多样，但无论是哪种情况，都会对书籍的保存和阅读带来极大的不便和损失。因此，我们应该加强对书籍的保护和管理，确保书籍能够长期保存并传承下去。

145. 糟朽书页怎么修复？

纸张的糟朽导致轻微翻动书页，其就会粉碎掉落，甚至化为粉末。这种情况下，已无法采用常规的修补手段而应采用裱补法（又称托裱法）进行修复。

糟朽书页的裱补是一个细致且复杂的过程，旨在修复因细菌、真菌侵蚀而严重糟朽的书页。以下是对该过程的概述。

首先，要选用拉力强、韧性大的薄棉纸作为裱补用纸，根据书页原材质（如竹纸、白纸）选择适合的纸张类型，并确保纸张薄而坚韧。同时，备好抹浆用的长锋羊毫笔和塑料薄膜（或油纸），以及稀薄的糨糊，其稠度可以根据书页厚薄和温度湿度条件调整。

接下来，进入裱补的具体操作过程。第一道工序是铺放书页，将浸湿并擦干的塑料薄膜贴在工作台上，再将糟朽的书页正面朝下铺放其上，注意轻拿轻放，避免书页破碎。喷水固定书页后，用毛笔蘸水抹平卷角、褶皱处。第二道工序是涂抹糨糊，这是整个裱补过程中的关键环节。右手持笔蘸糨糊，轻轻而均匀地涂抹于书页上，注意从书口中间往两边抹，避免把书页弄皱。待糨糊涂满后，盖上裱补用纸，用棕刷轻轻刷合。随后，盖上吸水纸再刷一遍，连同塑料薄膜一齐揭起并翻转，用棕刷在薄膜上刷一遍后轻轻掀开薄膜。若薄膜与书页稍有粘连，可抹点糨糊后继续掀揭。最后，沿裱补好的书页边缘涂抹，贴在裱板上晾干。待干后夹在吸水纸里压平，即可整理装订。对于较厚的糟朽书页，可在正面对好字迹边栏后粘上棉纸条再翻过来裱补，以提高修复效果。

整个裱补过程需要极大的耐心和细心，以确保书页得到妥善修复，并恢复其原有的价值和美观。

尽管裱补法在技术上有时相对简便，但在古籍修复领域，除非书页严重糟朽，我们仍应尽可能采用一般的修补方法。这是因为整页托裱虽然有时操作更为方便，但会使书页变得较厚且硬挺，不利于古籍的翻阅和长期保存。此外，托裱过程中使用的糨糊较多，容易滋生蛀虫，对古籍造成进一步的损坏。因此，在修复糟朽书页时，需要权衡各种因素，选择最合适的修复方法。

146. 因虫蛀、鼠咬而严重残破的书页怎么裱补？

对于因虫蛀、鼠咬而导致书页严重破损的情况，若孔洞修补法不适用，则应采用整页裱补技术。首先，与修复糟朽书页类似，准备必要的材料，并额外准备五支小型排笔以备裱补之用。接着，开始裱补流程。在湿润的塑料薄膜（或油纸）上，轻轻擦拭去除多余水分，然后将书页正面向下平稳放置。随后，向书页表面喷洒适量清水，用小型排笔均匀涂抹糨糊于其上。在此过程中，需确保手法轻柔，防止书页出现褶皱或折痕。

当书页表面完全覆盖糨糊后，将精心挑选的裱补用纸轻轻覆盖其上，并使用棕刷轻轻按压，确保两者紧密结合。接着，覆盖吸水纸，并再次使用棕刷进行刷拭，以达到强化黏合的效果。之后，连同塑料薄膜一同小心揭起，翻转书页，再次置于吸水纸上，并使用棕刷进行最后的刷平处理。

此时，可轻轻去除塑料薄膜，并在裱补好的书页边缘涂抹少量糨糊。随后，将书页自下而上贴附于裱板上，待其自然晾至半干状态后，小心取下并夹入吸水纸间，施加适当压力以平整书页。此外，也可采用批量晾干的方式，将多张裱补好的书页用夹子夹住并悬挂于竹竿上，待其半干后取下，继续夹干并压平。如此，便能有效完成因虫蛀、鼠咬而严重受损书页的裱补工作。

147. 焦脆书页怎么裱补？

对于焦脆书页的裱补，首要步骤是依据其受损程度决定修复策略。对于轻度焦脆的书页，通过简单的水洗处理即可恢复其柔软度，随后按照常规的修补方法进行局部修补即可。而对于焦脆较为严重的书页，则应采取更为精细的裱补方法。

在准备阶段，可以选用质地柔韧的薄棉纸作为裱补材料，并准备稀糨糊以确保操作的灵活性。实际操作时，可将焦脆书页正面朝下放置在塑料薄膜或油纸上，以便后续的修补工作。

修补过程中，应先对书页的焦损边角进行修补，以保持其完整性。随后，在书页上均匀涂抹稀糨糊，并覆盖上准备好的托裱棉纸，利用棕刷使棉纸与书页紧密黏合，以确保修补效果。之后，翻转书页，去除塑料薄膜或油纸，并进行必要的整理工作。

对于书页中间纸质尚好的情况，则不用对整个书页进行裱补，只要在四周焦脆处涂抹稀糨糊，并贴上棉纸条即可。若因此造成书页中间凹陷、四周凸起的现象，可通过在书页中部衬纸的方式进行弥补。

此外，对于损伤特别严重的书页，若难以在书页上直接涂抹糨糊进行修补，也可采用飞托法进行裱补。即将糨糊涂抹在裱补用纸上，再将其倒贴在拼接好的书页上，操作时需注意的事项与一般裱补法相同。

148. 如何修复黏结的书页？

书页黏结通常由水湿或浸泡引起，有两种情况：一是由单纯水湿导致的黏结，由于书页间水分挤掉空气后粘连，没有黏合剂介入，处理相对简单；二是黏性物质引起的黏结，是书页沾染或浸泡在含黏性物质的液体中形成的，这些黏性物质可能是液体原有的，也可能是印书墨中的胶质成分经水浸稀释出来的，使书页粘连紧密，甚至整册书结块，处理困难。

修复黏结书页的方法主要取决于书页的黏结程度和纸张质量。通常采取"揭补"的方式，即逐页揭开粘连的书页，并修复损伤书页。

149. 因单纯性水湿造成的书页黏结应怎样处理？

面对单纯性水湿引起的书页粘连问题，简易湿揭法是一种有效的解决手段。该法要求书页保持完整，不用拆解书籍，只要将湿书平展于工作台上，用镊子轻轻分离每一页。分离后，应将书籍置于通风处或利用除湿设备自然风干，避免直接暴晒，以防书页变形。当书页干燥至八成左右时，可合拢书本，用夹书板夹好，并放入压书机中压平，以确保书页平整。若无压书机，也可用其他重物替代。

150. 受潮时间较久，书页已经发干，但整册仍黏结在一起的书籍应怎样处理？

这种情况推荐使用干揭法进行处理。首先，双手拿住书籍的两端，轻轻反复揉搓，直至书页变得松散、软和。然后，使用镊子逐页揭开。在揭页过程中，如发现书页有损伤或脱落，应及时用补破方法进行修补。若遇到一页纸块黏结到上一页的情况，应小心将其揭下，并贴补到破损处。

干揭法操作简单，效果良好，但要注意，揉搓时容易伤纸，因此仅适用于纸质较好的普通版本书籍。对于霉烂、糟朽、焦脆或纸质脆劣的书页，以及珍本、善本书籍，则不宜采用此方法。

151. 因黏性物质引起的黏结书页应怎样处理？

因黏性物质（如糨糊、胶水等）导致书页黏结时，需根据纸张材质、黏结程度及黏性物质性质选择处理方法。热水浸泡法和蒸气穿透法是传统修复中常用的温和手段。

热水浸泡法（适用于糨糊黏结、纸张较厚的古籍）步骤如下。

1. 检查书籍破损程度。若书页已有裂口或脆弱处，需先标记，避免浸泡后加剧损伤。

2. 调配温水。水温控制在30℃～40℃（手感微温，不烫手），避免高温导致纸张褪色、纤维膨胀或墨色晕染。

3. 浸泡黏结书页。将黏结的书芯平放入水中，确保黏结处完全浸没。若为局部黏结（如书角），可采用"局部浸解法"，用毛巾蘸温水敷在黏结处，反复湿敷至糨糊软化。

4. 分离书页。取出书芯，用吸水纸吸去表面水分，平放在干净的木板或玻璃上。用竹启子（或塑料镊子）轻轻插入黏结缝，顺着纸张纹理缓慢撬动，同时用手指托住书页背面，防止撕裂。若仍有粘连，可重复浸泡1～2次。

5. 清洗与干燥。若糨糊残留较多，可用软毛刷蘸温水轻刷书页背面（仅适用于纸张坚韧的情况），再用清水漂洗、阴干、压平。

蒸气穿透法（适用于纸张较薄或不耐水的书籍）步骤如下。

1. 整册熏蒸（适用于书口黏结）。将书芯竖立在蒸架上，黏结的书口朝向蒸汽源，用棉布覆盖书背和封面，防止蒸汽渗入非黏结区域。蒸锅内加水煮沸，产生蒸汽后，保持书芯与蒸汽距离 10～15 厘米，熏蒸 5～15 分钟（根据黏结程度调整），观察到黏结处纸张微透湿即可。

2. 局部熏蒸（适用于书角、边缘黏结）。用蒸汽熨斗隔着棉布对黏结处喷蒸，每次喷蒸 1～2 秒，重复 3～5 次，至糨糊软化（可通过触摸黏结处硬度判断）。

3. 分离与干燥。趁热用竹启子从黏结边缘轻轻插入，逐步分离书页，动作需迅速（蒸汽散去后糨糊可能重新凝固）。分离后立即用吸水纸吸去书页表面水汽，平铺在通风处阴干，避免堆积导致霉变。干燥后同样需压平处理，若书页边缘轻微卷曲，可在压平前用喷雾器轻喷少量蒸馏水（需均匀），再用重物压平。

152. 被修补坏的书页应如何重修？

在古籍修复中，对于修补质量低劣的书页，可采取一系列措施进行重修。这些书页可能因配纸不当、粘贴马虎、补破方式粗糙或浆料使用不当等原因，导致色调、质地、厚度不均，甚至出现褶皱、断裂、起泡、脱壳、重皮、空心等问题。这些不仅影响古籍的保存与阅读，还损坏了古籍的整体美观。

重修的第一步是细致地揭去补坏的部分。这需要高度的耐心与精细的手法，以避免对原书页造成进一步的损坏。在揭除过程中，应仔细观察书页的状况，选择适当的工具和方法，如使用小刀、镊子等工具，轻轻剥离补纸，同时用湿布或棉签等辅助工具，以湿润和软化补纸与书页之间的粘连部分，确保揭除过程顺利进行。

完成揭除后，接下来便是根据书页的损坏情况进行再修补。这一步骤要遵循古籍修复的基本原则和技术要求，如选用与原书页色调、质地、厚度相近的配纸，采用科学合理的补破方式，以及使用适宜的浆料等。通过这些措施，就可以有效地恢复古籍的原貌。

153. 水揭法的具体操作流程是什么？

水揭法是一种针对厚浆修补过的书页的特殊处理方法，因其能够有效避免干揭法可能带来的损伤，具体操作流程包括以下几个步骤。

首先，将书籍进行拆解，去除书脊上的丝线、纸钉及封面，确保书页能够自由错开。

接着，将书页放置于专用的洗书水槽中，注意在水槽底部先铺上一层纸作为保护层，再将书页置于其上，最后覆盖一层纸以固定书页位置。

然后，使用70℃—80℃的热水单向冲洗（避免水流直冲补缀处）。这一步骤的关键在于利用热水的温度冲掉书页上糨糊的黏性，使补纸与书页自然分离，而非通过多次冲洗来清洁书页。因此，只需确保书页被水充分浸透即可。

冲洗完毕后，打开水槽底部的出水口，让水自然流干。待书页半干时，即可将其取出并平铺在工作台上。

最后，使用镊子等工具轻轻揭去书页上原补缀的纸张。若原补丁周围仍有残留的厚糨糊，则用小刀小心刮除，以免补缀处再次变硬或凸起。

通过以上步骤，即可成功完成水揭法的操作过程，实现对厚浆修补书页的有效处理。

154. 搓揭法的具体操作流程是什么？

搓揭法是一种针对纸质较差的书页的修复方法。首先，在书页上喷洒适量的水，使其平铺在工作台上。接着，再次喷水，确保水分充分渗透书页。然后，用右手中指指腹轻轻搓动并揭下补裱的旧纸。在搓揭过程中，若书页变干，要继续喷水以保持湿润，直至将旧纸完全搓揭干净。这种方法需要耐心和细致地操作，以防对书页造成二次损坏。

155. 什么是拼镶法？

拼镶法主要用于短小书页的镶补，其主要步骤如下。

首先，准备与原书颜色相似的纸张，并根据原书大小裁剪纸条，确保拼镶后的书籍长度和宽度略大于原书。裁剪纸条时，需注意纸纹走向应与书页相同。在工作台上铺一张硬纸，长度和宽度要比书页稍大，然后将待裱补的书页正面朝下平铺在硬纸上。

从第一页开始，错开摆放书页，间隔两毫米左右，摆放十几张后，用稍厚的纸覆盖其上，并用镇尺压住以防止移动。接下来，根据纸张的厚度调制糨糊，并均匀涂抹。然后，将裁剪好的纸条逐一粘贴到书页上，这个过程称为书页拼镶。粘贴时，应从靠近身体的一侧开始，确保粘贴牢固。

粘贴完毕后，再次用纸覆盖并轻压，以确保所有纸条与书页紧密结合。之后，逐一掀起粘好的书页，防止它们粘连在一起。翻转书页，使其正面朝上，再次用纸覆盖并轻压。

将书页按顺序放置在夹板书页的纸板上，上面再盖一层纸并压平。如果书籍的四周都需要拼镶，则按照同样的方法进行操作。在拼镶书页时，一般"先接天地"（即书籍的上下两端），"再接书脑"（即书籍的脊背部分）。可以一沓一沓地进行拼镶，以提高效率。

对于书脑的拼镶，可以采用裁宽纸条只镶接一边的方法。拼镶完毕后，将书页夹干并按原痕折好。将新接补的纸条折回与原书页对齐，并钉上蚂蟥襻以固定。这种拼镶法既省工又省料，同时可以减少书脊处的糨糊厚度，使捶平时更加容易。但需要注意的是，如果接缝处处理不当，书脊处可能会产生小沟。

156. 什么是挖镶法？

挖镶法主要用于短小书页的镶补，其具体操作过程如下。

1. 要将待修复书页的版心沿版框挖下来。挖的时候建议使用挑针沿版框处划一条深印，而非直接用刀裁。这样做可以避免切断纸张的纤维，使挖下的版心边缘保留毛茬纤维，从而在镶补后更加自然。具体操作时，应将书页正面朝上，放在软性木材制作的木板上，用透明尺压住版框并稍留余地，然后用挑针沿版框画一道痕迹。随后，轻轻撕拉版框外面的纸，使版心与框外纸脱开。

2. 进行镶补工作。将挖下的书页正面朝下铺在工作台上，涂抹宽约两毫米的糨糊于四周。然后，取一张预先裁好的比原书页稍大的配纸，注意纸纹走向要与原书一致，铺到书页上并轻轻刷平，使书页与配纸紧密粘合。之后，用毛笔蘸水在版框四周画一道痕迹，以便揭去版框内多余的配纸。这一步要特别小心，避免撕坏镶接的地方。揭去多余配纸后，再用棕刷刷一遍，确保书页与配纸牢固黏合。

3. 将挖下的版心纸留作修补其他书页之用。待全书所有书页都镶补完毕后，即可进行夹板、压平、装订等后续工作。这样，经过挖镶法修复的古籍书页将更加平整、自然，焕发新的生命力。

157. 书页怎么补字、补栏?

在古籍修复中，针对破损严重的书页，补字与补栏是两项重要的修复技术。这两项技术仅适用于普通版本的古籍，对于珍本、善本则要谨慎使用，以免对文物和古籍版本造成不利影响。

在进行补字或补栏前，应准备好必要的工具，如砚、墨、狼毫小楷笔、勾字小笔、笔船、有机玻璃尺等。补字时，应寻找与缺字书页相同版本的古籍作为参照，通过影描或临摹的方式补全缺失的字。若新补字迹过于鲜明，可使用陈年宣纸屑轻轻擦拭，使其色调与原书一致。

补栏相对简单，只需用有机玻璃尺辅助，沿缺栏部分描绘即可。在描绘过程中，应注意墨色的深浅一致，确保新补栏框与原栏框粗细吻合。若颜色过于鲜明，同样可使用陈年宣纸屑轻轻擦拭。

在进行补字与补栏时，还需注意以下几点：一是墨渍不能有浸润洇染书页的现象，可通过试笔来检验墨渍的适用性；二是对于书根有字的书页，应尽量保持其原有字样；三是在裱补书页时，须让托裱纸在书根处缩进一丝，以免湮没书根上原有的字迹。

通过以上步骤和注意事项，可以有效地对破损严重的书页进行补字与补栏修复工作，恢复其原有的版面整体感和阅读便利性。

158. 喷水压平技术的具体操作步骤是什么？

喷水压平是一种重要的古籍修复技术，旨在使修补后的书页恢复平整。在修补过程中，书页可能会因为糨糊的使用和晾干过程中的收缩而出现褶皱，尤其是在气候干燥的情况下更为明显。为了解决这一问题，喷水压平技术应运而生。

具体操作时，首先在工作台上铺垫吸水纸，然后将修补好的书页错落有致地放置其上。接下来，使用喷水壶或喷雾器向书页上喷水，喷水量可以根据书页的破损程度和补裱情况灵活调整，以保持书页潮润但不过度湿润为原则。喷水后，再覆盖一层吸水纸，并继续放置下一层书页，如此重复，三四层为一组。

待一组书页喷水完毕后，用手将其铺平，并在其上下多垫一些清洁、干燥的吸水纸，以防污染书页。随后，将这组书页夹在硬板中间，放在台面上用石块或其他重物压实。在压平过程中，需根据书页的水分扩散情况逐渐加重压力，并定期倒页以通风晾干，防止霉变。

倒页时，需按原顺序一页一页地进行，并检查每张书页的补裱情况。若发现有脱落或不合规格之处，应及时修整。同时，还需注意经常更换吸水纸并变换方位，以确保书页干燥均匀。

此外，喷水压平工序可根据实际情况灵活安排，不必等到书页全部修补完成后再进行。对于破损严重的书页，修补完毕后即可随时进行喷水压平处理。同时，还需根据气候因素调整喷水量和倒页频率，以确保书页修复效果达到最佳状态。

159. 普通版本古籍装帧的基本技术包括哪些内容？

拆散的书页在经过修整以后，配上封面、封底和护页，重新装订成册，这些都属于古籍装帧工作。普通古籍装帧的基本技术包括下列各项工序：折页、配册、敲书、衬纸、接书脑、加护页、压实、齐栏、草订、裁切、打磨、包角、上封面及封底、打眼、穿线、贴签、写书根、加函套等。古籍装帧虽然是古籍修复工作的最后程序，却是很重要的环节。古籍修复是否牢固、是否美观，都由装帧工作的好坏决定。古籍修复工作者应该重视这一重要环节，确保古籍修整完好。

160. 折页有哪些技术要点？

在进行古籍折页修复时，首先要将书页以特定的方式平铺在工作台上，检查并清除书页背面的杂质。随后，通过一系列精细的动作，如提起书页、捏住两端、对准折缝等，将书页折叠成整齐的双页。在折页过程中，需特别注意版心对齐，确保书口不歪斜，折缝居中。

对于修补过的书页，需根据纸张的韧性决定是否重新矫正旧的折缝。完成整部古籍的折页后，需进行书页顺序的检查和修齐工作。对于出现"刺毛口"的书页，要采取喷水压平等处理措施。此外，在折页过程中还需注意防止墨色污染书页，可通过垫纸和勤洗手等方式来避免。

总的来说，古籍折页修复是一项需要细心和耐心的工作，只有经过精心处理，才能确保古籍的完整性和美观性。

161. 配册有哪些技术要点？

中国古籍的装帧方式常以卷、页为单位成册。对于卷数、页码繁多的古籍，在完成折页后，还需进行配册工序，即按照古籍的原有卷数和页码顺序，将其整理成书。然而，当古籍书页经过裱补后，其厚度可能会显著增加，此时若仍按原书的分册方式进行配册，将会导致每册书籍过于厚重，影响翻阅和保存。

针对这一问题，可以采取按卷数分册的方式来解决。具体来说，就是将原书的一册根据卷数分为两册或多册，每册的页数通常控制在一百页左右，以确保古籍轻便易读。同时，在分册过程中，还需要充分考虑原书的章节段落，避免生硬分割，以保持古籍的完整性和连贯性。

如果古籍原本就是按卷分册的，即一卷书被分成了几册，那么在重新配册时，应尽量保持原书的分册方式不变。如果确实有必要进行分册调整，也应以原书的章节、段落为依据，确保分册后的古籍仍然能够清晰地反映出原书的结构和内容。

最后，为了确保配册工作的准确性和专业性，建议在必要时咨询古籍专家的意见。他们丰富的专业知识和经验会为古籍修复人员提供宝贵的指导和帮助。

162. 敲书有哪些技术要点？

敲书是古籍修复中使书页恢复平整的重要步骤。当书页经过修补后，搭

接处因多了一层纸而变得凸出，影响整体美观。敲书正是通过小铁锤轻敲，将这些不平整处敲平。

在敲书之前，准备工作尤为重要。首先，需要挑选一把合适的小铁锤，确保其表面平整无弧度，以防损坏书页。同时，准备一个平面小铁台作为工作台面，若条件有限，平面小石台亦可替代。

敲书时，应将书页按约二十页一沓整理好，放置于小铁台上，并用左手轻轻按住以防移动。随后，右手拿起小铁锤，在书页的切口处及修补过的区域轻轻敲打。在敲打过程中，应不时用左手触摸书页，检查修补处是否已敲平，若仍有凸起，则要继续敲打，直至完全平整。正面敲平后，还需翻转书页，对背面进行同样的操作。

敲书时应避免用力过猛，以免在书页上留下明显的敲打痕迹。同时，要确保书页已完全干透再进行敲打，否则可能导致粘连，影响后续操作。此外，敲打时需按照一定的顺序进行，不可随意乱敲，以确保书页平整无褶皱。对于掉色的书页，还需在敲打时铺垫干净的白纸，以防污染。

对于需要衬纸的书页，可以先进行一遍轻敲，待衬纸与书页对齐后再进行最终敲打。这样既能保证书页的平整，又能避免在后续操作中产生新的不平整现象。

总之，敲书是一项需要细心与耐心的工艺，只有熟练掌握其技巧与要点，才能确保古籍装帧的精美与耐用。

163. 衬纸的作用是什么？

衬纸是古籍修复中的一项辅助性保护手段，其主要功能在于为古籍书页增添一层保护屏障。在书页间加入衬纸，提升了书页的支撑力，增强了古籍的整体耐久性，有助于延长其保存和使用年限。然而，值得注意的是，并非所有古籍在修复过程中都需要使用衬纸，这一工序往往根据古籍的实际情况和修复需求来决定。因此，衬纸在古籍修复中并非必不可少，而是一项具有灵活性和选择性的修复措施。

164. 衬纸适用于哪些情况？

1. 古籍因纸张过薄，在翻阅时字迹容易相互穿透，影响阅读体验，同时纸张易粘连，使用衬纸可以有效避免这些问题，使书页更加挺括，阅读更加顺畅。

2. 当古籍的书帖数量较多时，书页可能会出现凹凸不平的现象，这时衬纸就起到了平衡书页的作用，使书籍更加美观。

3. 对于破损严重的古籍，修补过程中可能需要添加衬纸，以确保修补后的书页能够保持平整，不影响阅读。

4. 古籍在修补过程中，如果一侧破损较为严重，修补后可能会出现半边高半边低的情况，这时可以通过添加衬纸的方式来调整书页的高度，使其恢复平整。

5. 古籍在装帧过程中，由于纸张厚度不均，可能会导致书页两头高低不平。为了解决这个问题，可以选用适当的纸张作为衬纸，以达到平衡书页的目的。

6. 对于一些页数较少的古籍，为了增加其厚度和美观性，也可以使用衬纸进行装帧处理。

165. 衬纸的材料有什么要求？

衬纸的材料应选用柔软且纯净的纸张，如棉连纸、粉连纸或连史纸等。其中，棉连纸因其柔和的纸性被认为是最佳选择。而对于黄色纸张的书籍，则推荐使用毛太纸或薄毛边纸。这些柔性纸张作为衬纸，能够确保书页不会变得硬挺。而厚纸、洋纸或其他硬性的机制纸则应避免使用，因为它们可能会撑破书口。此外，衬纸的衬法也有多种，如折口衬、开口衬、局部衬、单页衬和连页衬等，具体采用哪种方法应根据书页的实际状况来决定。

166. 什么是接书脑？

接书脑是一种古籍装帧技术，用于将纸张粘贴在线装书的书脊部分（即书脑），以增加古籍装帧的美观性和实用性。这种技术不是古籍装帧中的必经工序，主要用于书脑过小或幅面过于狭长的书页。这些书页不仅式样不好看，而且装订困难，甚至可能影响阅读。接书脑需要准备纸条、糨糊、浆笔、纸捻、夹板等工具，并检查书脑部位有无破损，根据具体情况选择衬纸接法、不衬纸接法或拼接法等进行修复。

167. 衬纸接法的操作步骤具体有哪些?

衬纸接法是一种用于加宽书页的方法，主要通过在书页夹层中添加特殊设计的衬纸来实现。以下是详细的操作步骤。

1. 准备衬纸

首先，需要准备比常规衬纸书脑更宽的衬纸。如果书脑需要加宽1厘米，那么衬纸书脑部分应比原书页多出2.5厘米（含回折余量）。衬纸材质宜选用与原书页相近的纸张，避免厚度差异过大。

2. 衬纸操作

将衬纸填入书页夹层的操作与一般的衬纸操作相同，但在填入后，需要将书页蹾齐，以确保整齐。

3. 固定书页

将书页每二三十页为一组放在夹板上，然后在书口上压上一块与书页长度相仿的木板，并在板上压上重物，以防止书口偏斜或移动。

4. 翻转与压平

将书页连同衬纸沿书脊部分翻转过来，放在垫有木板的平面上。然后，在书脑上压一块稍重的木条，以确保其平整。

5. 折边与调整

使用与书页颜色对比明显的纸垫放在书页下面。接着，掀开一张连带衬纸的书页平放在垫纸上，把多余的衬纸往回折，使其与书页的边口对齐。在折边过程中，需经常检查所接书脑与原书的厚度是否相称。如果衬折处比原书页厚，每隔几页展开一张单页进行调整；如果比原书页薄，则要垫上衬纸以达到平衡。

6. 单页衬纸

对于单页衬纸，若仅靠回折部分无法达到与书页等厚的要求，要另裁纸条并粘贴在衬纸上。纸条应对折成双层以增加厚度，然后对齐书页切口粘贴。每隔几页粘贴一条纸条，直至书脑相接处完全平整。

通过以上步骤，即可完成书页的衬接工作，使书脑得到有效加宽且保持整体平整。

168. 不衬纸接法的操作步骤具体有哪些？

不衬纸接法是一种修复或加固古籍书页的方法，具体步骤如下。

1. 准备材料

选择与书页相似的纸张，裁成窄长条备用。纸条的宽度应比需要接的书脑的宽度大，以确保有足够的回折或裁切余地。

2. 分组处理

书页每十余页为一组，正面朝下平摊在工作台上。注意书脑处要一页一页地错开，错开间距不宜过宽，以免影响后续操作。

3. 涂抹糨糊

在书页错开的部位涂抹适量的糨糊。糨糊的稠度要适中，既不能太稀也不能太稠，以确保黏结效果。

4. 粘贴纸条

将裁好的纸条从下往上一张一张地粘贴在涂抹了糨糊的书页上。注意粘贴时要确保纸条与书页紧密贴合，避免出现气泡或褶皱。

5. 压实与晾干

在粘贴好的纸条上盖上一张纸，轻轻按压几下，以压实纸条。然后去掉盖纸，将书页一张张掀起来，翻转过来再用手按压几下，使粘连处更加牢固。待纸条上的糨糊干透后，进行敲平工作。

6. 回折纸条

使用衬纸回折的办法，将另一边的纸条回折好。注意只能粘贴一面、回折一面，避免过厚导致无法敲平。

通过以上步骤，即可完成古籍书页的粘连修复工作。

169. 拼接法的操作步骤具体有哪些?

拼接法不使用衬纸或糨糊，仅用纸捻和纸条即可完成书页的修补与拼接。该方法操作简便，效果显著，也被称为"硬拼接"。

具体操作步骤如下。

1. 将修补好的书页折好并捶平，确保其平整无褶皱；

2. 取出预先裁剪好的用于拼接书脑的纸条，纸条宽度应与书芯厚度相匹配，以确保拼接后的书脑平整如初；

3. 使用棉纸条搓成的尖头纸捻将书页拼接在一起。拼接时，只需在书脑的上、中、下三个关键部位各打一个锥眼，然后用纸捻穿入锥眼并打结固定；

4. 纸捻应选用结实的棉纸制作，搓捻成两头均为钉形的蚂蟥襻状，以便更好地固定书页与纸条；

5. 将书页翻转，对朝上翘起的纸捻进行敲平处理，确保其稳固不脱落；

6. 最后，根据书页大小剪去拼接纸条的多余部分，使修补后的书页整洁美观。

拼接法虽不使用糨糊，但拼接的书脑仍能保持美观与牢固。对于修补高手而言，甚至可以做到无痕拼接，令人叹为观止。

170. 什么是护页？

护页，作为书籍装帧的必备元素，对于书籍的保护具有不可忽视的作用。它们分别位于书籍的封面与封底内侧，形成前护页与后护页，为书籍提供了额外的防护层。古代（尤其是明清时期），在广东，人们采用了一种名为"万年红"的特殊纸张作为护页，这种纸张因含有四氧化三铅的化合物而具有强大的防虫功能。然而，现代研究表明，"万年红"纸的防虫效果并不持久，且可能对古籍造成污染，甚至对人体健康产生潜在威胁，因此在现代书籍修复中，通常会选择将其替换。

如今，通过精确的定量分析，科学家们已经成功研制出了新型的护页纸，这些纸张的质地、颜色，以及保护效果得到了显著提升。在选择护页纸时，需要确保其与书籍的整体风格相协调，常用的材料包括太史连、单宣、汀贡，以及高质量的官堆纸等。此外，护页的厚度应略大于书页，以确保其能够提供足够的保护。如果护页纸质过薄，还可以通过裱贴一层棉纸或单宣纸来增强其厚度和韧性。

至于护页的数量，这主要取决于书籍的具体情况和需求。一般来说，每册书籍可以添加一至三张护页，具体数量可以根据书籍的厚度、材质和保护需求来确定。总之，护页的设计与选择是书籍装帧中不可或缺的一环，它们对于书籍的保护具有重要意义。

171. 什么是齐栏?

齐栏，古籍装帧中的重要一环，是确保古籍修补、折页、配册、衬纸等工序后，书页整齐划一、美观实用的关键步骤。书口与栏线错位、天头地脚不齐，不仅影响美观，还可能在裁切时伤及文字。因此，齐栏成为古籍修复工作不可或缺的一环。

并非所有古籍都应齐栏，善本修复需遵循"原貌保护"原则，在齐栏时优先保留原始装帧痕迹，以确保其价值不受损。尤其重要的是，必须保全书页上的眉批、校释等珍贵文字，以免在齐栏过程中造成损失。

为了实现这一目标，修复工作者在齐栏时需谨慎操作，避免损坏书页上的重要信息。当遇到需要保护的批注或校释时，宁可牺牲部分栏线的整齐性，也要确保这些文字的安全。

在进行齐栏时，通常以地脚处的下栏线为基准对齐。这是因为木版书的版心大小往往不一致，而地脚相对于天头较小，按照天头六成、地脚四成的比例分配空白，能使古籍在装订和裁切时更加美观实用。

对于没有边栏的古籍，修复工作者需以书页近书口处最后一个字的字脚为基准进行对齐。这需要细致的操作和精确的判断，以确保古籍的整洁和美观。

齐栏的方法多样，包括挨齐法、撒齐法和摆齐法等。修复工作者要根据古籍的实际情况和修复要求选择合适的方法进行操作。通过不断提高齐栏技术，修复工作者能够更好地保护和传承古籍的文化价值。

172. 挨齐法的具体步骤是什么？

在古籍修复过程中，挨齐法是一种常见的使书页对齐的方法。其核心是将书页与栏线对齐，以确保书页排列整齐。操作步骤一般是自上而下逐册进行。对于特别薄的书，可以两册一齐进行处理。当涉及两册以上的书籍时，应从最上面的一册开始对齐，以便更好地检查栏线的曲直程度。具体步骤如下。

1. 先用两手拿着书，将书口蹾齐，然后把书平放在订板上。

2. 左手的大拇指抵住天头处的书口，食指和中指按压住天头位置，右手食指轻轻掀起书页。

3. 用右手的大拇指和食指捏住书页的地脚处，中指则按压住下面书页的地脚位置。

4. 通过上下左右的移动和拉伸，来对齐上下书页的栏线。这里的标准线通常以书口处最外侧的边框线或者鱼尾作为参照（当边框线残缺时，应参考版心文字作为辅助对齐依据）。

5. 一旦一册书对齐完成，就用左手捏住天头处的书口，右手捏住地脚处的书口，拿起书册在订板上轻轻蹾齐，再将其平放回订板上。

6. 如果在检查中发现书栏不直，可以用锥子的尖头来调整，或者扯平书页的一端，然后在上面放置尺板并加重物进行固定，防止书页移位，避免书口出现歪斜的情况。之后按照同样的步骤对齐其他书册，全部对齐之后，用夹板夹好并蹾齐，接着就可以进行下一道工序了。

173. 撒齐法的具体步骤是什么？

在古籍修复过程中，撒齐法（亦称作铺齐法）主要通过对书页进行精细调整来实现整齐的效果。在采用这种方法时，通常每次只针对单册书籍进行操作。

具体操作时，先是将书籍蹾齐，也就是确保书籍整体平整无褶皱。接着，将书籍翻转，使其背面向上。随后，用右手握住书籍顶部的书口，左手则轻轻从底部书口处捻开书页，使其呈现出类似扇面的形状。完成这一操作后，再次翻转书籍，使其平稳地放置在工作台上。

此时，用左手中指和食指压住书籍的上端，大拇指轻抵书口，防止书籍在整理过程中发生移动。接着，用右手手指从下往上逐页挑开书页，在挑开的过程中，以书页地脚处的栏线为参照，将每张书页的版框栏线对齐，以达到整册书籍书页整齐划一的效果。

与挨齐法相比，撒齐法具有更高的效率。不过，撒齐法并不适用于所有类型的书籍，尤其是纸质较差的书籍。因为这类书籍的纸张弹性与韧性不足，难以承受撒齐过程中书页被拉扯的力道。所以，撒齐法更适合用于纸张弹性好、韧性足的书页。

174. 摆齐法的具体步骤是什么？

摆齐法是一种将书页依栏线摆放整齐的技巧，常用于纸张质地粗糙或书册尺寸较大的书籍。其操作流程如下。

1. 在订板上竖直插上两根大针，作为摆放栏线的参照。两针间距应与书页上、下版框栏线的间距相匹配。

2. 从书册末尾那页开始，依次将书页放置在订板上。

3. 放置时，先将书口地脚处的边栏与右侧的大针对齐，以保证书页排列整齐。天头栏线亦应与左侧的大针对齐，确保双方向定位准确。

4. 一页一页地依次摆放，直至整册书全部放置完毕。过程中需格外留意保持页码的正确顺序，防止出现页码颠倒的情况。

尽管摆齐法的效率相对较低，但在处理纸质粗糙或开本较大的书册时，它仍是一种实用且有效的齐栏手段。

175. 古籍装帧工序中的"压实"应如何操作？

古籍装帧工序中的"压实"，目的是让书页平整结实。压实对于修补过或衬过纸的书页尤为重要，因为它们往往凹凸不平。常用的压实方法包括机械法和土法。

机械法是利用压书机进行，通过均匀施加压力使书页平整结实。操作时需逐步增加压力，避免一次性压得太紧。同时，需定期检查压书机两端是否水平，以防书页被压歪斜或损坏机器。一般情况下，书页在压书机内压上两三天即可平整结实，但破损严重的书页需先以微力压上一两天，再逐渐增加压力。

土法则使用青石板、铅块等重物压书，操作简便但耗时较长。其优点在于压力缓慢均匀地作用，不会把书页压坏或压斜。

对于彩色套印的笺谱等古籍，要特别谨慎处理，避免使用压书机，以免破坏其精美的图案和花纹。

在压实前，要确保书页已完全干透，以防书页粘连在一起。同时，应根据书页的破损程度和材质选择合适的压实方法，这样才能达到最佳效果。

176. 草订中用的纸钉有哪些种类？

草订是一种传统的手工装订方式，使用手捻的纸钉进行打眼订书，因此也被称为"纸捻订"。现代常用的纸钉分为长短两种，长的被称为"蚂蟥襻"或"纸襻"，短的则称为"纸钉"或"一头尖"。

蚂蟥襻的制作材料是质地稍厚、韧性较好的棉纸，顺着纸的竖纹搓捻而成。制作时，先将棉纸裁成15厘米长、5厘米宽的窄长条子，再将两头裁成尖形斜角，然后顺着角的斜度搓捻成两头尖、中间宽的形状。这种纸钉通常用于装订厚本书，如衬过纸、拼接过书脑的书，或金镶玉、毛装书，以及书品过大的书籍。

纸钉的制作方法与蚂蟥襻类似，也是用棉性较好的纸顺着竖纹搓捻而成。不过，制作纸钉的棉纸块尺寸较小，为长7.5厘米、宽5厘米的长方形。制作时，先裁去一面斜角，然后从尖角处向里捻搓成一头尖的钉子形。这种纸钉通常用于装订薄本古籍。

草订中用的纸钉

177. 草订操作法的具体步骤是什么？

1. 准备工具，如订板、纸张、尺板、重物、锥子、木槌、纸钉或蚂蟥襻、石蜡等。

2. 将订板放在工作台上，铺上一张比书页稍大的纸。

3. 将需要草订的书页四边对齐，平放在订板上。

4. 在书口处放上尺板，并压上重物，确保书页在操作过程中不会移动。

5. 确定打眼位置。使用一张废旧书皮作为标准样，根据书籍大小和书脑的宽窄比例，确定打眼的距离和眼数。善本、珍本、厚本和衬纸的书册要打双眼，即书脑上下各打两眼；拼接过书脑的书册，一眼打在原书脑上，另一眼打在新接的纸条上。

6. 下锥打眼。锥尖在石蜡上摩擦以增加润滑。在标准样上扎好锥眼距离，覆盖在书册上，扎上针眼印痕；左手捏住锥子，左腕压住尺板，锥子垂直立在眼上，右手用木槌敲打锥顶；敲打时需用力均匀，避免锥眼打歪。厚本书可适当多打几下，但不宜过多。

7. 穿纸钉或蚂蟥襻。锥眼打好后，垂直拔出锥子，将书册向前拉，露出锥眼；将纸钉或蚂蟥襻顺着锥眼穿入，拉结实；纸钉外露部分捏倒，蚂蟥襻两端打结或用糨糊粘住。

8. 整理与检查。撤去尺板，翻转书册，用木槌柄敲打使其平整；检查各册锥眼距离是否一致，避免错位。

178. 裁切工序中的机器裁切法的具体操作步骤是什么？

裁切工序是确保书册整齐美观的重要环节，主要是去除书册天头、地脚、书口三边（书脑除外）的多余部分，以便后续的包角、上封面和封底等工序。裁切的方法主要有两种：机器裁切法和手工裁切法。

机器裁切法具有高效、精确的特点，但操作前要确保切纸机的刀、盘干净，并准备好待裁切的书册。在裁切过程中，应使用三角尺量出需要裁切的尺寸，并用锥子或铅笔轻轻画上记号。随后，用压书机压紧书册，按照画好的记号进行裁切。裁切的顺序通常为先裁天头，再裁地脚，最后裁切口。每次裁切的书册数量应根据书册的厚度和裁切刀机的规格型号来确定，以确保裁切效果。

机器裁切法虽然高效，但也需要操作者具备一定的机械操作知识和安全生产意识。只有掌握了正确的操作方法，并经过实际操作训练，才能确保裁切质量，并避免工伤事故的发生。同时，如果机械状况良好，切刀锋利，且操作技术掌握得好，那么机器裁切就能做到优质高产，裁切后的书册刀花很少，只需稍作打磨即可进行装订。

179. 裁切工序中的手工裁切法的具体操作步骤是什么？

手工裁切，这一传统技艺承载着历史的厚重与匠人的智慧。明代以前，匠人多使用短刃刀具，一本接一本地细心裁切，但受限于工具，效率与质量难以两全，且刀口难以保持一致。至清代中期，随着技术的进步，匠人们开始普遍使用刃口更长的大刀进行裁切，这一创新极大地提高了裁书的效率与质量，一次可裁切多本，且切口更为整齐。这一方法沿用至今，成为手工裁切的重要技艺之一。

手工裁切的具体操作步骤如下。将待裁书册置于裁纸木板上，根据书册的厚度合理摆放，再横放一块木板以固定书册。匠人应以左脚稳固木板，右手紧握大刀刀柄，左手则轻捏刀背上端，将大刀紧贴木板边缘，沿着预先画好的记号，运用臂力直切而下。此过程中，匠人需时刻注意刀口的方向，以避免将最下方的书册裁斜。裁切完成后，还要翻转书册，以第一册为标准，逐一检查并调整后续书册的裁切效果。若遇裁切不齐之处，则可采用"打翻刀"的技法进行矫正，确保每一册书都能达到理想的裁切效果。

180. 打磨的具体操作步骤是什么？

打磨是古籍装帧中的重要工序，旨在去除书籍草订、裁切后留下的刀花痕迹，使其表面光洁美观。此过程需准备细目锉刀、水砂纸（粗、中、细三种，型号如240目、600目等）、乌贼鱼骨等工具。打磨时，应根据古籍保存状态（如是否有函套、纸张强度等）灵活调整单次处理量，确保每批书籍的数量适中。操作步骤如下。

首先，将书籍的书脑、天头、地脚蹾齐，并用木夹板夹好，压上重物固定。接着，用左手固定夹板，右手持砂纸或细目锉刀在书籍的三边进行打磨，直至刀花痕迹被磨平。然后，使用0号砂纸进行细致打磨，直至书籍表面光滑细腻，无刀花痕迹。打磨过程中，需保持用力轻而均匀，避免产生油光或黑色亮斑，影响装帧质量。最后，可用乌贼鱼骨进行再次打磨，以进一步提升古籍表面的平整度和光泽度。

181. 包角所用的丝织材料有何特殊要求?

包角所用的丝织材料主要包括绢和绫，这些材料在直接使用前要进行托裱处理。托裱步骤详述如下。

先将绢、绫反面朝上平铺于裱台上，使用排笔均匀湿润材料表面。随后，双手展平绢、绫，并用毛巾吸去多余水分。接着，以棕刷均匀涂抹中浆于织物表面，并覆盖一张大小相近的白色薄纸。此时，右手持棕刷顺绢／绫纹理均匀平刷，确保纸张与绢、绫紧密贴合。之后，在绢、绫四周边缘涂以糨糊，贴于裱板并绷平，待干后撕下备用。

至于绢、绫的颜色选择，可依据书籍的纸张色调或收藏者偏好而定，常见的选择有素白色、湖蓝色、浅绿色等，而对于竹纸书籍，仿古米色则更显雅致。在裁切绢、绫时，应统一纵向裁切，避免因横竖面料反光方向不同导致的颜色差异，确保用料的一致性。

182. 包角的操作流程是什么?

包角的操作详细流程如下。

1. 确定包角尺寸

依据书籍的尺寸及书脊的宽度，精确计算出所需包角的尺寸，但若此尺寸与书籍整体不协调，可根据实际情况灵活调整。

2. 制作标准纸样

选取一张与书籍页面大小相近但稍厚的素纸，将其纸角对准书籍的右下角。随后，按照计算好的包角尺寸，在素纸上精确裁剪出相应的切口，作为后续包角的标准模板。

3. 准备包角材料

将预先托裱好的绢或绫按照既定的尺寸裁剪成细长的条状，确保正面朝下放置在工作台的右侧，以便取用。同时，将待包角的书籍放置于工作台上，确保书籍底部与桌面边缘平齐，并在书籍上放置好之前制作的标准纸样，用重物压稳以防移动。

4. 包裹地脚角

用左手固定书籍的右下角，使用羊毛排笔在绢或绫的背面均匀涂抹适量的糨糊。涂抹完成后，用中指将绢或绫挑起，按照标准纸样的尺寸，精确地将其粘贴在书籍的地脚角平面上（即书籍的底部）。轻轻将书籍向下推移一小段距离，然后翻开书籍前后的护页。用左手的拇指和食指紧捏书籍的角落，右手则负责将绢或绫向内折叠并粘贴在古籍内部。折叠后需保持片刻以确保粘贴牢固。使用右手的拇指轻轻推动绢或绫的一角，使其顺利转向书籍的另一侧。随后，在书籍的地脚角平面上轻轻摩擦几下，以增强绢或绫与书籍之间的黏合力。最后，将多余的绢或绫折回书籍内部并粘贴好。

5. 包裹天头角

完成地脚角的包裹后，将书籍翻转至另一侧进行天头角的包裹。操作步骤与包裹地脚角相同。

183. 古籍的封面和封底是什么？

封面和封底不仅是书籍的外部保护层，更在装帧艺术中扮演着至关重要的角色。它们不仅保护书页免受损坏，还通过其材质、颜色和设计，为古籍增添雅致与美观。

封面和封底的材料选择多样，从布面、锦面、绫面到绢面，各具特色。纸面材料因其易得性和可塑性，成为最常见的选择。在选择材料时，要综合考虑书籍的内在价值、使用频率及保存需求。

历史上，古籍的封面和封底材料的选择同样讲究。如清代孙从添在《藏书纪要》中所载，明清时期高档古籍封面以宋锦、库笺为贵，佛经特用永乐藏经纸，晚明兴起的宣德洒金笺及黄檗染古色纸亦属上品材料。不同藏书家对于封面材料的选择也各有偏好，有的追求华美，有的则更注重实用与古朴。

现代，修复古籍的封面和封底时仍延续着传统的托裱工艺。精细的托裱，会使封面和封底更加平整、牢固。同时，根据不同的使用需求，封面和封底可采用单页或双页设计，纸张也应选择厚实、耐磨的品种。

在装帧艺术中，封面和封底的颜色选择同样重要。瓷青色和栗壳色因其色调古雅庄重，成为古籍装帧中的常用色彩。此外，精美、考究的古籍还常采用绢、绫等高档材料作为封面和封底，以彰显其独特的艺术魅力。

综上所述，古籍的封面和封底不仅是书籍的保护层，更是装帧艺术的重要组成部分。通过精心选材、设计和托裱，可以为古籍增添无限的艺术价值和文化底蕴。

184. 加单页封面和封底的操作步骤是什么？

1. 使用大张的封面纸时，应根据书页的大小进行裁切。

2. 将三五张纸叠放，对折起来。在对折线上，错位于中线合适距离处另折一条折痕，使用竹刮子刮平，然后翻转纸张，对另一面也进行相同的操作。

3. 使用小刀将封面纸从中线处裁开，成为两张单页。将裁好的封面纸折回到之前的折痕处，使封面纸具有与书口对齐的折口。

4. 封面纸反过来即可作为封底纸，因此封底不用另外裁折。

5. 上封面时，将折好口的封面纸放在工作台正前方，糨糊碗放在封面纸右前方，夹板放在工作台中间。将书册放在夹板上，使用软毛笔和竹签在书口和书脑的纸钉处抹上适量糨糊。

6. 用两手的中指和食指夹住封面纸，大拇指顶住书脊和封面纸，将封面纸粘到书册上。加封底纸的方法与加封面纸的方法相同，只需将书册翻转过来即可。

7. 封面纸、封底纸装订到位后，用尺板压住书册，使用裁纸刀或大号剪刀去掉封面、封底的多余部分。裁剪顺序为先天头，再书脑，最后地脚。裁剪完毕后，用细砂纸打磨封面和封底。

185. 加双页封面和封底的操作步骤是什么？

双页封面和封底适用于需要增强美观度和耐用性的古籍，尤其是厚本书和常用书。

在黏结双页封面和封底时，应在书脑纸钉处涂抹适量的厚糨糊，然后将其粘贴到书页上即可。这种设计不仅使封面和封底显得挺括、耐用，还能有效保护书籍内容不受损坏。但需注意，由于双页封面和封底用料较多，因此在选择时需要根据书籍的实际情况进行权衡。

对于封面和封底已经损坏但书页仍完好无损的书籍，可以采取更换封面和封底的方式进行修复。首先，我们需要拆除书籍的旧线，并去除损坏或残存的封面和封底。其次，根据书页的尺寸剪裁一副稍大的新封面和封底。在剪裁时，需要注意保持新封面和封底的尺寸与书页相匹配，以确保其能够紧密贴合在书页上。最后，按照上述方法将新封面和封底粘贴到书页上即可。

在更换封面和封底时，还需要注意用料和颜色的选择。为了保持书籍的整体协调性和美观度，新做的封面和封底的用料和颜色最好仍仿照旧物。

186. 打眼的操作步骤是什么？

首先，在书册的天头和地脚的书角部位各打一个眼。随后，在两个书角针眼之间，根据所要打眼的数量计算间距，确保下针位置准确。

下针的关键在于"出样"，即使用长方形纸折成直角三角形作为标尺，量取针眼距离。以四眼书册为例，先将纸标尺置于书册上，直角对准书脑与地脚夹角，在书角适当位置扎第一个针眼。接着，按书册长度的一半对折纸标尺，再根据首个针眼距离对折，扎第二、第三个针眼。复原纸标尺，书脑上扎第四个针眼。若间距合适，即可在书脑处扎眼，先扎地脚书角眼，再翻标尺与天头书角对齐扎眼。若间距不合适，调整纸标尺后重新扎眼。

打眼形式多样，如打三眼、打五眼、打六眼。打六个眼则是对于特厚特宽的书册。厚书打眼需两面相对进行，即"打双眼"，先从背面打透一半，再从正面打通另一半，均用纸标尺比好距离。

穿线打眼与草订同用锥子，但针眼更细小，锥子细长。已包角书册打眼需对准横竖中心，以减少损伤。下锥时书册置于订板，书口压尺板、金属块，左手捏锥，右手持槌轻敲。

古籍修复应尽量利用旧眼，旧眼不正时，可打部分新眼，但需先塞住旧眼，以防打出豁口。

187. 穿线有什么具体要求？

穿线，又称订线，是书籍装帧中书页装册的关键步骤。它要求订得牢固，嵌得紧密，确保不打结、不脱落、不歪斜，同时要求坚实耐用。在色彩搭配上，订线应与书册色调相和谐，以保持美观。

在选择穿线材料时，真丝线因其优良特性成为首选。真丝线不仅质地柔软，不易损坏书页，还能与书籍的典雅气质相得益彰。尽管棉纱线、蜡线和锦纶线也可用作订线，但它们各自存在缺点。棉纱线韧性和拉力较弱，不适合装订大本或厚本书籍；蜡线过硬，可能会将书册勒出痕迹；锦纶线作为化纤产品，长期使用易老化。

因此，在书籍装帧中，推荐使用真丝线进行穿线装订，以确保书籍的保存质量与美观性。

穿线的操作分为以下几个步骤。

1. 选线

根据书册的大小薄厚，选用粗细合宜的订线。丝线有粗、中、细三种规格，薄本书用细丝线，厚本书用粗丝线，一般书册用中号丝线。对于大而薄的书册，订线可采用三股细丝线。从成本考虑，善本、珍本用真丝线订，普通书用棉纱线、锦纶线订。平时应准备多种规格和颜色的线团、线轴，以便选用。

2. 量线

计量订书用线的长度并截好备用。线长一般为书册长度的六倍，若书册薄小可适当缩短，书册厚大则应适当加长。六个眼的厚本书册应增加到八倍长度。量线时，把书册正面朝上，书脑靠身体一侧，以便比量。若有多册书，只用比量一册作为样本，将线一次备好。

3. 订线

使用大号缝被针，针尖磨平以免勾线，在针眼上套小线圈以方便引线。抽一根丝线穿进小线圈，对齐两头拉成双股线。从书脑右边第二个锥眼开始穿线，留下2厘米线头后挑出并拨到书脑中夹住。然后，绕上线穿入锥眼，捋平、拉紧丝线，再穿另一个锥眼，每个锥眼处来回穿引三次即可订好。最后，检查无漏穿后，用针穿过两道线绕过来打个结，剪去多余线头，并塞入锥眼内。

4. 锁线

作为订线的另一种做法，锁线是在丝线穿过第一个锥眼后，从书脑的一半处挑出打个结，再把丝线从已穿线的线环中穿过拉进书脑里抽紧，使书脊上能看到一道横着的线。后续步骤与订线相同，从第二个锥眼开始穿线，绕过书脑、书脊、天头、地脚，再从最后一个锥眼穿出、结扣、剪线、平整。

188. 贴签的具体方法是什么？

贴签是书籍修复中的重要环节，其目的在于通过贴上标明书名和卷册的签条，以便识别和整理书籍。在书籍修复中，一般使用修补过的原书旧签，若旧签残缺较多或与新修复或配册后的书籍册次不符，则可新制签条，并将旧签条保留在护页中以供参考。

贴签的具体方法分为满贴和浮贴两种。满贴，即实贴，是在签条背面均匀涂抹稀糨糊后贴在书册左上角，要留出一定书边并压实。满贴法牢固耐翻，但糨糊用得多可能会招虫引鼠。浮贴，即虚贴，则只在签条四周涂抹几点糨糊即可贴上，用糨糊少不易招虫鼠，但可能容易脱落。具体采用哪种方法，要根据地区和环境等因素综合考虑。

189. 什么是书根？

书根指书籍下端的切口部分，是线装书装帧中不可或缺的一部分。在书架上平放的线装书，为了便于查找和管理，通常会在书根上标明书名、总数和册次，这一过程被称为"写书根"。对于大型书籍而言，由于其卷帙浩繁，若书根上未加标注，那么在寻找时便需翻阅大量书册，极为不便。因此，写书根对于书籍的管理和查找具有重要意义。

随着时代的发展，写书根的方式也在不断创新。如今，一些出版机构，如商务印书馆和中华书局在出版线装书时，会直接将书名、卷册等信息印刷到书根上。这样一来，查阅书籍相关信息时会更加便捷高效。

190. 写书根有哪些注意事项？

首先，选择擅长楷书的人进行书写是至关重要的，因为楷书字体工整、规范，适合在书根上进行书写。

其次，在书写前，需要将书册的次序理顺，明确每一本书的卷数和册数，并将其写在纸条上夹在书册中。同时，需要反复检查，确保没有错误，因为一旦书写完成，修改起来将会非常麻烦。

在书写时，可以将若干书册捆在一起，用夹板夹平，将书根向上放在台子上，以便于运肘书写。同时，需要选择上乘的笔和墨，以确保书写的质量。书根在裁切后很光滑，不易吸墨。因此，书写前可以用半湿的毛巾在书根上轻轻抹一下，让纸张纤维舒展开来，便于着墨。

在书写过程中，还需要注意各册书根写字的距离要保持齐平。这可以通过使用长尺压在书根上做界格，或者使用挂线的办法来实现。

关于书名的书写，其字体应相对大一些，而卷、册的字体可以小一些。书名的字应写在书角外，卷、册的字则写在书角上。对于一册的书，可以写个"全"字；两册的书写"上""下"两字；三册以上的书，则可以用汉字数字依次书写。

对于不写书根的书籍，可以用书签纸写上书名、卷册数，然后夹在书的地脚，以便于查阅。

191. 什么是函套、夹板？

在书籍的保护与装帧中，函套与夹板扮演了至关重要的角色。它们源自古代的帙与囊，经过历史的演变，成为现代书籍装帧的重要元素。函套通常采用硬纸或布帛精心制作而成，是为了更好地保护书册；而夹板则是利用平滑的木板，将书册夹于其中，以防止其受损。此外，纸匣与木匣也是函套与夹板的一种变体形式，两者在制作上有着异曲同工之处。

函套与夹板

　　然而，函套与夹板在保护书籍的同时，也面临着一些挑战。函套由于使用了大量的糨糊或动物胶，容易发霉和被虫蛀，因此在北方干燥多风的环境中更为适用；而夹板则因其良好的防蛀防霉性能，在南方湿润的气候中更能发挥其优势，且夹板的防风防尘效果相对较差，所以并不适合在北方使用。

　　在利用函套与夹板时，应尽可能地利用旧有材料，以节约资源并减少浪费。当函套或夹板的表面出现损坏时，可以采用相同的材料进行修补；当套内的托裱纸破损时，也可以选用类似的纸张进行替换。同时，当函套的别子或夹板的线带出现断裂时，也需要及时地进行修复。

　　在修复过程中，可能会遇到函套松紧度不合适的问题。对于过松的函套，可以通过增加纸板或加厚内衬的方式来调整其松紧度；而对于过紧的函套，则可以尝试使用喷水的方法使其软化后再进行调整。

　　当函套或夹板破损严重到无法修复时，就需要重新制作函套与夹板来替代它们。在重新制作时，注意要确保新的函套与夹板在材质、尺寸和制作工艺上都应与原有的相符。

192. 什么是金镶玉？

金镶玉是中国书籍装帧中的高端形式，以其复杂的工艺和昂贵的材料著称，因此其主要被用于善本和珍本的装帧。金镶玉还被称为"惜古衬"和"袍套装"，前者体现了其保护书籍的功能，后者则形象地描述了装帧后的书籍外观。

采用金镶玉装帧形式的古籍，三面都镶有衬纸，这样的设计不仅有效地保护了书籍，还使得书籍在形式上更加整齐和美观。对于那些书页破损严重或边栏外有重要批注的珍贵古籍，采用金镶玉装帧形式无疑是最佳选择。此外，对于毛边本和书口较小的珍贵古籍，金镶玉装帧同样能够发挥重要作用，既能保护原书，又能提升书籍的整体美观度。

金镶玉

193. 金镶玉的制作过程需做哪些准备工作？

首先，进行书页的修整，修补书页的裂口、锥眼等瑕疵，并进行一系列处理以确保书页的平整与美观。随后，选择合适的镶衬纸张，如棉连纸或优质单宣，以确保纸张的质地与厚度与书页相匹配。接下来，进行开料工作，将镶衬纸裁切成适当大小，并喷水压平以去除折痕。在喷水时，需控制水量，以免产生水渍。最后，将处理好的镶衬纸裁齐备用，为后续的装帧工作做好准备。

194. 金镶玉的制作有哪些主要工序？

传统金镶玉的制作工艺繁复精细，共分为五道工序：扎眼、铺放、折边、折页与装订。

首先，扎眼是制作金镶玉的基础步骤，通过在衬纸上精准扎针眼，为后续铺放书页提供准线。此步骤需细致入微，确保针眼位置准确无误。

接下来是铺放书页，即将书页按照一定顺序平整地铺放在衬纸上。这一步骤要求修复工作者手法轻柔，确保书页与衬纸对齐，避免移位或错乱。

随后是折边，即将衬纸超出书页的部分向内回折，与书页边缘对齐。此步骤需用力均匀，确保折边整齐，同时需注意节约用纸，可采用"贴垫条"等方法减少纸张浪费。

折页是将折好边的衬纸和书页按中缝对折，为装订成册做准备。此步骤需确保书页与衬纸对齐，折痕清晰。

最后是装订，包括齐栏、草订、裁切、打磨、包角、扣皮、打眼、订线等多个环节。通过这些工序，金镶玉的制作工艺得以完美呈现，充分展现出其独特的艺术魅力和文化价值。

195. 四合套和六合套的制作流程是什么？

四合套的制作是一项精细的工艺，需要准备多种材料并遵循严格的步骤。准备的材料有：80号黄纸板（厚度0.3厘米）、牛皮纸、聚乙烯醇胶水、面料（蓝布、人造棉、锦绫、仿宋古锦等）、布条、糨糊、白纸、别子、签条（夹宣、洒金纸、虎皮宣等）等。制作流程如下。

1. 裁切纸板

使用切纸机裁齐黄纸板边缘，根据书籍的长、宽、厚度，裁切出套盖、套底、内板、前墙、后墙五块散板。套盖、套底要求上下边长等于书册宽度，左右边长等于"书册长度＋0.1厘米＋两块纸板厚度（约0.6厘米）"，内板要求上下边长等于书册宽度，左右边长等于"书册长度－一块纸板厚度（约0.3厘米）"。前墙要求上下边长等于书册长度，左右边长等于"书册厚度＋两块纸板厚度（约0.6厘米）"。后墙要求上下边长等于书册长度，左右边长等于"书册厚度＋三块纸板厚度（约0.9厘米）"。

2. 散板刨斜口

在要拼接的边缘刨出坡形斜口，或使用小刀削出斜口。前墙、后墙、套底、内板右边、套盖左边均需刨口。

3. 粘连散板

将散板平放，斜口对齐，避免倒放或放错。在盖板平口一边粘上0.7厘米宽的纸板条，内板三面用与面料同色料包沿。使用2.5厘米宽牛皮纸条和聚乙烯醇胶水粘连散板，留出0.1厘米空隙。

4. 贴布条

在有斜口的一面贴上2.5厘米宽的布条，颜色与面料一致。

5. 上面料

将稠糨糊调匀，刷在面料上。将书套坯子置于面料上，揭起后包上面料余边，确保边角挺括。

6. 上别子

在盖板平口两侧打扁孔，安装别子和别带。

7. 贴里子

裁切略小于各块板的白纸，刷上糨糊后贴到各块板上。

8. 晾干

将书套放在阴凉通风处晾干，避免暴晒。

9. 贴签条

在面板右上方贴上签条，用于书写书名、卷册数。

10. 检验

检查书套质量，包括大小、面料挺括度、别带位置、里子贴合度等。

六合套与四合套的制作流程、技术及标准大致相同，主要差异在于六合套在书籍的天头和地脚两侧额外增加了两块纸板，即上下堵头，以实现对书籍的全面包裹。在制作六合套纸板时，应依据书籍的实际尺寸，在四周边缘各预留0.3厘米的余量，同时，两侧的高度应取书口与书脊高度的中间值进行裁切。在刨削斜口的过程中，需要对底板、前后墙及天地堵头的纸板四周都进行斜口处理，以确保纸板之间的紧密连接与美观。

196. 古籍修复中如何制订灾害预处理计划？

对于保存书籍文献的机构来说，无论是图书馆、博物馆还是私人机构，针对自然灾害的预防，应该提前准备，这是对书籍存放单位的最基本要求。可以从以下几方面来制订古籍修复中应对自然灾害的预处理计划：①灾害风险评估，确定对建筑物和古籍的威胁因素有哪些；②预防，即采取措施避免或减少危险；③应急响应，当灾难发生时，应采取哪些措施；④修复，重建遭受灾难损坏的建筑，使其可以再次存放受损书籍。

197. 什么是古籍修复档案？

古籍修复档案是古籍修复过程中形成的详细记录，包括修复前书籍的状态、修复过程中采取的措施和方法、修复后的效果评估，以及修复过程中产生的文字资料、修复前后对比图片、相关音视频资料和修复使用的实物材料等。这些记录完整呈现古籍修复的全过程，为古籍保护技术的传承发展与学术研究提供了核心实证材料。

古籍修复档案包括以下内容：

古籍修复档案有六大部分内容，即古籍的基本情况、修复方案、修复经过、修复前后图片和视频资料、修复质量鉴定和修复经验总结。各个部分的设置必须符合要素完备、分类项目合理清晰、设置与排列具有逻辑性的特征，同时具有包容性的要求，使整个档案的内容既能再现古籍修复前的破损状况，

又能体现修复过程中修复师的技术路线选择与工艺实施细节，当然，也要客观呈现干预后文献的物理、化学特性变化。

198. 什么是古籍修复伦理学？

古籍修复伦理学是研究古籍修复师在职业生涯中应遵循的道德原则和伦理规范的学科。它涵盖了古籍修复师所应具备的价值观念、道德，以及他们在工作中必须遵守的职业行为准则。这一学科关注古籍修复师在职业活动中所涉及的社会关系、道德现象和道德原则，旨在通过伦理规范引导古籍修复师建立系统性保护理念，在保障修复科学性的基础上，实现文化遗产的原真性存续与活态传承。

古籍修复伦理范畴是什么？

古籍修复伦理范畴涉及对古籍修复师伦理道德本质的深入研究，涵盖使命信念、职业素养和品德境界三个方面。在宏观层面，它强调古籍修复师应秉持的信念和责任感，以保护文化遗产为己任；在中观层面，则关注古籍修复师的职业行为规范，确保修复工作的专业性和严谨性。通过对这两个层面的探讨，旨在引导古籍修复师在伦理规范行为与境界上实现整体提升。

古籍修复伦理原则是什么？

古籍修复伦理原则是修复师在从事古籍修复工作时所必须遵守的职业伦理守则，它规定了修复师在处理各种利益关系时应遵循的最基本行为准则。这些原则为古籍修复师在具体的修复实践中，面对各种伦理问题提供了应对策略和方法，对修复行为和技术活动起到了导向作用。古籍修复伦理原则主要包括敬物、诚信、敬业、保密和开放等方面。修复师应尊重古籍这一物质载体，秉承诚信原则，对待修复工作严谨认真，对修复过程中的相关信息进行保密，同时保持开放的心态，不断学习新知识和新技术。

199. 为什么数字化工具是古籍保护与修复的必然选择？

古籍是一种不可再生，并在不断消亡的物质文化遗产。古籍的保护是针对不同历史时期、不同存世形态、分属于不同自然与人文客观环境条件的古籍实施保障技术，由此产生的各种技术信息，既能为古籍文献的数字化提供现实基础，又能为推动相关领域数字化建设的进程起到积极作用。

通过对古籍历史文化、艺术形态信息的完整记录，古籍书页纸张的厚度、密度、纤维取向等物理参数信息采集，对古籍纸性的化学分析数据采集，在实施保护与修复行为过程中各步骤与环节的静态图像、动态视频的摄取，都会产生大量的实时统计、存储、调用的大规模数据。

200. 关于古籍修复的图书有哪些？

关于古籍修复的图书主要有《古籍修复与装帧》（潘美娣，上海人民出版社，1995）、《古籍修复技艺》（朱赛虹，文物出版社，2001）、《中国古籍修复与装裱技术图解》（杜伟生，北京图书馆出版社，2003）、《古籍修复案例述评》（张平、吴澍时，国家图书馆出版社，2012）、《古籍修复与装帧（增补版）》（潘美娣，上海人民出版社，2013）、《中国古籍修复与装裱技术图解》（杜伟生，中华书局，2013）、《古籍修复技术》（童芷珍，上海古籍出版社，2014）、《古籍修复》（魏华琳，中国美术学院出版社，2015）、《国家图书馆藏西域文献的修复与保护》（国家图书馆古籍馆编，国家图书馆出版社，2017）、《古籍保护与修复技术基础知识》（袁东珏，国家图书馆出版社，2021）、《非遗中国之古籍修复》（陈宁，贵州教育出版社，2021）、《古籍修复探索与实践》（朱振彬，广西师范大学出版社，2022）、《古籍保护与修复技术研究》（孙治国，吉林大学出版社，2022）、《古籍修复知识辞典》（天津图书馆、万群，天津古籍出版社，2022）、《古籍的时间医生》（朱振彬，天天出版社，2023）等。

参考文献

[1]肖振棠,丁瑜.中国古籍装订修补技术[M].北京：书目文献出版社，1980.

[2]潘美娣.古籍修复与装帧（增补版）[M].上海：上海人民出版社，2013.

[3]童芷珍.古籍修复技术[M].上海：上海古籍出版社，2014.

[4]魏华琳.古籍修复[M].杭州：中国美术学院出版社，2015.

[5]王晓民.古籍保护与修复技术探究[M].沈阳：辽海出版社，2020.

[6]朱丹.超级搜索术[M].北京：电子工业出版社，2020.

[7]孙治国.古籍保护与修复技术研究[M].吉林：吉林大学出版社，2021.

[8]肖志丹.图书馆古籍整理工作实践[M].吉林：吉林文史出版社，2021.

[9]中华人民共和国文化部.古籍特藏破损定级标准：WH/T 22-2006[S].北京：北京图书馆出版社，2007.

[10]中华人民共和国国家质量监督检验检疫总局，中国国家标准化管理委员会.古籍修复技术规范与质量要求：GB/T 21712-2008[S].北京：中国标准出版社，2008.

[11]张志清.浅谈古籍修复的科学化管理[J].国家图书馆学刊，2004（2）：60-63.

[12]阎琳.古籍修复对象选择策略[J].图书馆论坛，2016（7）：97-101.

[13]侯富芳.从古籍保护角度谈当前古籍函套工作得与失[J].图书馆建设,2010（9）：83-85.

[14]林明.古籍"金镶玉装"杂谈[J].图书馆论坛,2012（2）：179-181.

[15]王国强,石庆功.古籍修复性破坏原因分析及预防措施探讨[J].图书馆论坛,2018（11）：164-171.

[16]杜伟生.国家图书馆古籍修复工作60年[J].图书馆工作与研究,2008（9）：59-63.

[17]朱煜.浅谈古籍修复三要素[J].河南图书馆学刊,2015（5）：92-94.

[18]王国强.中国古籍修复可识别原则、技术及其应用[J].图书情报工作,2020,64（6）：33-38.

[19]耿宁.中、西古籍修复的比较研究[D].安徽大学,2014.

[20]许卫红,王阿陶.古籍修复工作中的知识管理[J].大学图书馆学报,2010,28（2）：45-49.

[21]王阿陶,许卫红.古籍修复档案内容设置及其重要性探析[J].档案学通讯,2010（5）：68-71.

[22]林红状.古籍修复档案价值属性及其应用[J].大学图书情报学刊,2013,31（6）：45-48.

[23]宫晋婷.古籍修复隐性知识研究[J].传播力研究,2019,3（23）：254.

[24]张文军,黄海霞,侯娟娟.古籍保护与修复大数据体系的构建[J].江苏科技信息,2020,37（35）：31-33.

[25]王希.古籍修复伦理学体系建构初探[J].古籍保护研究,2022（1）：61-72.

[26]王梓懿,陈晨.国内古籍修复核心期刊成果（近三十年）的图谱画像研究[C]//中国图书馆学会年会论文集（2022年卷）.吉首大学旅游与管理工程学院,2023：17.

[27]王红,孙少明,孙根基,等.基于机器视觉的古籍修复装置设计[J].仪表技术,2023（6）：28-31.

[28]杨照坤，庄秀芬.古籍修复人员认证制度的实践与探索[J].古籍保护研究，2024（2）：12-19.

[29]田欣雨.元宇宙视域下公共图书馆古籍修复师胜任力发展策略[J].图书馆工作与研究，2024（7）：65-71.

后　记

随着《古籍修复 200 问》的即将付梓，我的心情难以言喻，既有完成一项艰巨任务的释然，也有对古籍保护事业无限热爱的感慨。这本书的诞生，不仅凝聚了我们的辛勤汗水，更是对中华悠久文化的一次深情致敬。

一、缘起：古籍之殇，责任之重

在浩瀚的历史长河中，古籍作为文明的载体，承载着无数先贤的智慧与汗水。然而，时间的侵蚀、战乱的破坏、自然的灾变，让许多珍贵古籍面临着前所未有的生存危机。当我们走进那些藏书丰富的图书馆、博物馆，看到那一本本泛黄、破损的古籍时，心中不禁涌起一股难以名状的痛楚。正是这份对古籍命运的深切关怀，成为我们编写这本书的初衷——我们希望通过科普的方式，让更多的人了解古籍修复与装帧技术，进而唤起全社会对古籍保护的重视与参与意识。

二、探索：知识的海洋，技术的殿堂

古籍修复与装帧是一门古老而又复杂的技艺，它融合了历史学、文献学、化学、物理学、艺术学等多学科的知识。为了编写这本书，我们进行了大量

的资料收集、整理和研究工作。从古籍的材质、制作工艺，到破损类型、修复原则，再到装帧形式与修复适配性原则，每一个细节我们都力求准确、全面。在这个过程中，我们深刻地感受到资料收集与研究的意义不是知识的简单汇总，而是远超于此，是一场跨越时空的文化对话与文明的守护。

三、挑战：创新的勇气，实践的智慧

在编写过程中，我们遇到了不少挑战。一方面，古籍修复与装帧技术本身具有高度的专业性和实践性，如何将这些复杂的技术转化为通俗易懂的语言，让读者能够轻松掌握，是我们面临的一大难题。为此，我们反复推敲每一个内容的表述方式，力求既准确又生动。另一方面，随着科技的发展，许多新技术、新材料被引入古籍修复与装帧领域，如何将这些最新进展融入书中，也是我们必须面对的挑战。在这个过程中，我们不断尝试创新，将传统技艺与现代科技相结合，努力为读者呈现现代古籍修复的场景。

四、收获：心灵的触动，文化的传承

经过无数个日夜的奋战，当《古籍修复200问》终于定稿的那一刻，我们的内心充满了激动与自豪。这本书不仅是我们辛勤努力的结晶，更是对中华优秀传统文化的传承与弘扬。我们相信，这本书的出版能够激发更多人对古籍保护的兴趣和热情，让更多人参与到这项神圣而伟大的古籍保护事业中来。同时，我们也希望这本书能够成为一座桥梁，连接起过去与未来，让古老的智慧在新的时代焕发出更加璀璨的光芒。

安玉洁　程东娟